親子のすいすい対話で書ける！

はじめての読書感想文

藤田利江

子どもの未来社

はじめに

「読書感想文ってどう書いたらいいのでしょう?」

「読書感想文を書いたのですが、あらすじが多くなってしまって……」

小学校教員として三十余年勤め、その後も教育に携わる現場に行くと、このような質問や話をよく聞きます。「そもそも感想文の書き方などないのでは?」と私は思います。もちろん文章を書くにあたって、「書き出し・なか・終わり」や起承転結といった文章の構成、組み立て、最初と最後とのつながりなど、基本は様々な書籍に紹介され、教科書でも扱っています。

しかし、読書感想文はそれを考慮しながらも、「感想」を書く文章です。感想は各々の思いや考えですから、基本になるものはないと思いませんか? つまり、それぞれの思いをぶつけることが感想であり、それに対する書き方などを決めることはむずかしいのではないでしょうか。ただ、体験を交えた感想を文章にする書き方の形式やポイントはもちろんあります。

そこで、読書感想文を書く場合、何が大事かを考えてみました。感想がないことには何も書けません。一番のポイントは「感想をもつ」ことではないかと思うのです。しかし、今の子どもたちはなかなかこの「感想をもつ」ことができません。普段の生活の中で感想を意識していないということもあるでしょう。また、大人が先まわりして感想を言ってしまう、といった風潮が蔓延しているのかもしれません。

私が仕事をもちながら、子育てのまっただ中にいた時に、印象に残っている話があります。あるお母さんは、子どもと一緒に歩く時など、「あの雲、素敵だね、何に見える？」というような「ことばかけ」を心がけている、というのです。忙しい毎日を余儀なくされていた私にとって、子どもにそのようなことばをかける余裕がなく、はっと気づかされた話でした。

その話を聞いてから、私も体験をすぐにことばにしようと思いたちました。めったに雪が降らない神奈川県厚木市の学校に勤務していた私は、雪が降ると、子どもたちを外に連れ出して雪の感触を味わわせたり、外に出るのがむずかしい場合は、みんなで窓からいつもと違った風景を見る時間を設けたりしました。そして、感じたことをすぐ書かせるのです。作文でも詩でもなんでもＯＫ。こうすることで、子どもが感じたことをすぐに、そして素直に表現する体験をさせました。子どもにとってはそういう「体験」が重要です。それぞれの家庭によって事情は違いますので、むずかしさはあると思いますが、子どもにはできるだけ生《なま》の体験をさせてあげたいものです。

考えてみると、私を含め昔の子どもたちは、体験から学ぶことがいかに多かったでしょうか。私は山育ちだったこともありますが、植物や虫の名前は実物を見て学習しました。遊びにしても近所の上級生と一緒に遊ぶことで、遊び方やルールを自然と学んでいたように思います。しかし、昭和の後半から子どもの学びは、パソコンやスマートフォンなどの機器に委ねているのではないでしょうか。もちろん図鑑を含む本からの学びも多々あります。それはそれで大事ですが、大人が子どもの体験をもっと大切にすることが必要ではないかと思うのです。

さて、そこで話を読書感想文に戻します。親でも教員でも、身近にいる子どものことを一番知っている大人が、子どもと体験を共にして、それについて話すのはそうむずかしいことではないと思いますが、いかがでしょうか？　水族館に行けば、「○○は大きかったね！」「うん、でも△△も大きかったよ」という会話をし、見ている時も「あの魚はなんていうの？」「あれは◎◎だよ」と話したりするでしょう。

それが重要なのです！　テレビを観ている時、「その怪獣はどういうところが強いの？」「これからどうなるのかな？」といったことをさりげなく聞くこと、これこそが大事だと思います。個人差はありますが、子どもからは思いもかけない反応が返ってくるかもしれません。

そして、読書感想文にこの親子体験を活かしたい……そう思って始めたことが親子感想文講座です。はじめは親御さんにも子どもたちにも、この取り組みが通用するのだろうかと不安でしたが、とても楽しそうな様子がみられました。それに気をよくして、主に公共図書館で実施しています。講座のタイトルは「夏休み宿題応援講座・読書感想文を楽しもう」とし、感想文の楽しさを体験していただいています。その内容は……？　とりあえず、この本を読んでみてください。

この講座を体験された親御さんの感想です。

「学生の時に、この書き方を聞いていたらよかったのに……。」
「私が子どもの頃に書いた感想文の書き方との違いに驚きました。」
「学校からいただいたプリント（感想文の書き方）を読んでもよくわからなかったのですが、この講座でよくわかりました。」

子どもたちからは、

「楽しかった！」

「また来年も参加したい」

という声があがり、私自身がそのことばにとても驚いています。

この本を読んで、読書感想文を親子で楽しんでいただければ幸いです。

二〇一九年六月

藤田利江

もくじ

3 読書感想文の基礎練習（中学年）

4 読書感想文 料理教室

5 読書感想文につなげる練習（高学年）

6 読書感想文 応用編

1 読書感想文の練習（低学年）

低学年での読書感想文の練習

読書感想文がどのようなものなのか、小学校低学年の子どもはよく理解できていないようです。作文も詩も感想文も、同じように思っているかもしれません。そこで、「感想文はこのように書きます」という説明をするより、読んだ本の内容に関する質問をしてそれに答えさせるようにします。それが感想文につながるということを子どもに体験させてみましょう。

練習の進め方

① 絵本を選ぶ

まず、**読み聞かせする絵本**を選びます。この時に、幼児向け、小学校低学年向けの比較的対象年齢が低く、内容がわかりやすい絵本を選びましょう。ポイントは次のようなことです。

- **主人公がはっきりしている。**
- **ストーリーが単純である。**
- **共感をよぶできごとがある。**
- **簡単な感想をすぐ言うことができる。**

例えば、昔話の『ももたろう』の場合、読み聞かせした後、子どもに「どのくらいの大きさの桃だったのかな？」とか「どうやって鬼を倒したのかな？」と聞いてみます。すると「運動会の大玉くらい」とか「イヌやキジ、サルと一緒に戦った」など、何かしら答えを考えるでしょう。ただ、低学年の場合だと、「主人公の気持ちはどうだったでしょう？」という質問にはまだ答えることはむずかしいと思います。

初めて感想文を書く際の参考にしてください。

『ワニぼうのこいのぼり』
内田麟太郎／文　高畠純／絵
文渓堂

ワニのお父さんがこいのぼりを買ってきました。こいのぼりを見て「きもちよさそうだなあ」と思ったお父さんは、自分もこいのぼりになってしまいます。それを見たワニぼうもお母さんも、一緒にこいのぼりになります。すると、ワニだけでなく、イヌやネコ、町中の動物たちがこいのぼりになってしまいます。

『ねずみのでんしゃ』
山下明生／文　いわむらかずお／絵
チャイルド本社

明日から七匹のねずみの子どもたちは学校に行きます。お母さんはそのしたくに大忙し。ところが子どもたちは、「遠いからいや」「いじめっ子がいるからいや」とか言います。そこでお母さんは毛糸のレールを敷きました。次の朝、「電車で出発！」と子どもたちをねずみの電車に乗せたお母さん。子どもたちは楽しく学校に向かいます。

『ぼくだってトカゲ』
内田麟太郎／文　市居みか／絵
文研出版

トンビにおそわれたトカゲは、しっぽを自ら切って逃げてしまいます。「トカゲのしっぽ」は歩くこともできず、暑い日には日干し状態。もうだめかと思った時、カナブンのおじさんが励ましてくれます。カナブンのおじさんと歌を歌って元気を出すと、しっぽから頭が生えてきます。

おすすめ BOOK GUIDE……①

『しゅくだい』
宗正美子／原案
いもとようこ／文・絵
岩崎書店

「しゅくだいはだっこです」。めえこ先生からそう言われてみんなの前では「えー、ヤダ！」って言ったもぐらのもぐくんですが、急いで家に帰ります。ところが、家では赤ちゃんがお休み中。お母さんはもぐくんの話も聞いてくれず、がっかりします。夕食の時、宿題が「だっこ」であることを伝えると、お母さん、お父さん、おばあちゃんにだっこしてもらいました。次の日、「宿題はできましたか？」と聞かれると、みんなが「はーい」と元気よく答えます。もちろんもぐくんもです。

『くれよんのくろくん』
なかやみわ／文・絵
童心社

くれよんたちは自分の色を発揮して、とても素敵な絵を描きます。花や葉、木、雲など次々と描きますが、自分の色の主張をしたためにぐちゃぐちゃの絵になってしまいます。全く出番のなかった「くろくん」。シャープペンシルのお兄さんに促されて真っ黒な絵にします。でもその黒を削っていくと…見事な花火の絵が出てきました。くろくんはみんなから感謝されます。

出版社で
品切れの本は、
図書館で
探してみてネ！

②　選んだ絵本の読み聞かせをする

読み聞かせはゆったりとした気持ちで行い、子どもと一緒にお話を楽しむことが大切です。「感想文を書く」という目標を意識しない方がいいでしょう。子どもにも「感想文を書くのだから、よく聞きなさい」といった態度やことばがけはやめましょう。絵本は絵をしっかり見せながら、ゆっくり読むように心がけます。なぜかというと、子どもたちはお話を聞くとともに絵も楽しんでいるからです。また、読み聞かせの途中で大人の感想や文章以外のことばを入れることは避けます。絵と文章をそのままじっくりと伝えましょう。

③　ワークシートを利用する

読み聞かせの余韻を残しながら、「このことを教えてくれるかな？」と子どもに問いかけ、プリント（ワークシート）を渡します。やさしい問いばかりなので、抵抗のある子どもは、まずいないでしょう。
問いをひとつひとつ一緒に読み、その後に答えを求めます。この時、絶対にしてはいけないのは、先に答えを出したり、促したりすることです。時間がかかっても、必ず子どもから答えさせるようにします。**子どもが答えを言うまで「待つ」**のです。ここがとても重要です。
また、つじつまが合わない答えでも、とんでもない答えでも、子どもの答えを尊重します。そうすることで子ども自身の気持ちを引き出すことができるのです。

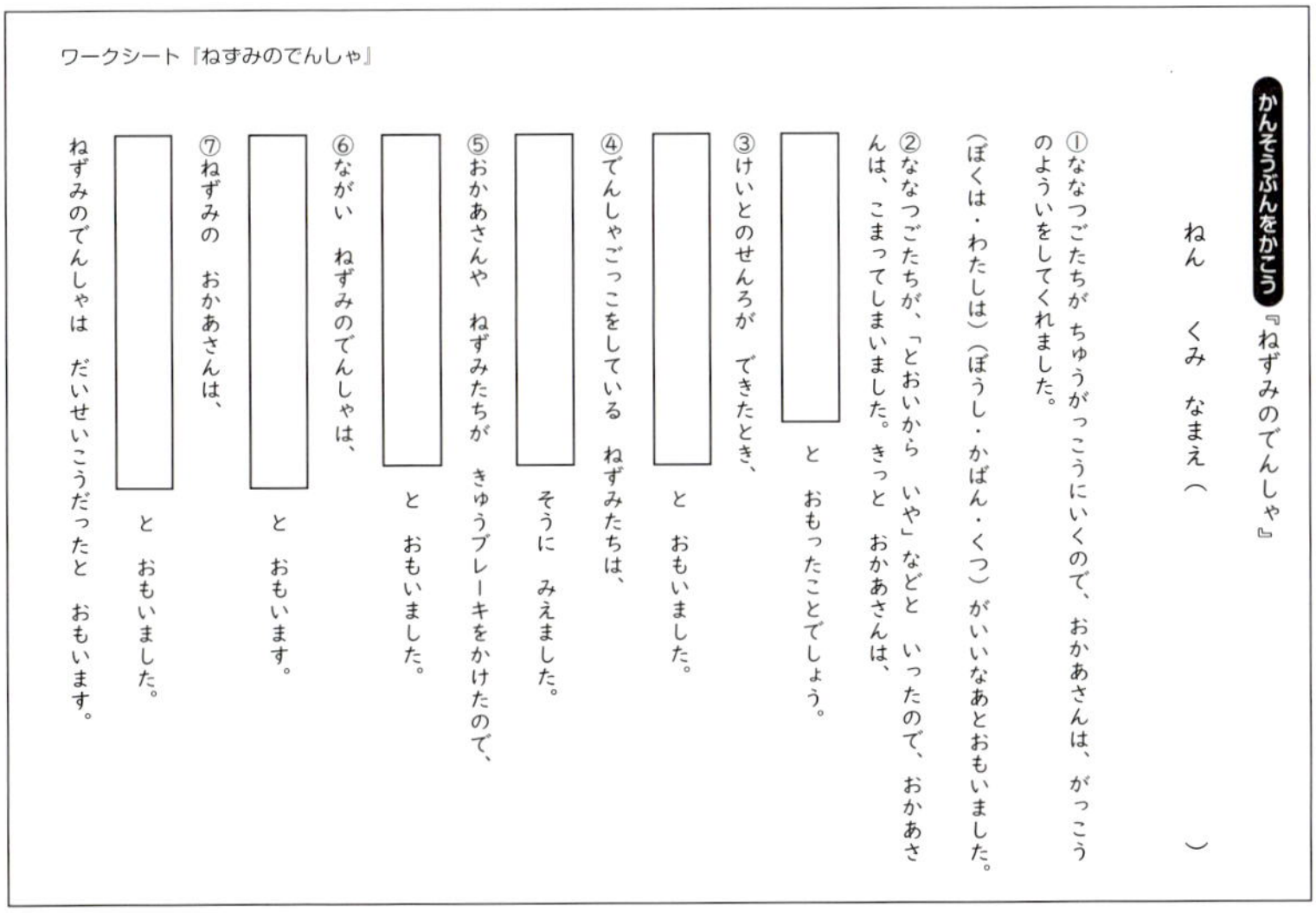
かんそうぶんをかこう『ねずみのでんしゃ』

ねん　くみ　なまえ（　　　）

①なつごたちが ちゅうがっこうにいくので、おかあさんは、がっこうのよういをしてくれました。

（ぼくは・わたしは）（ぼうし・かばん・くつ）がいいなあとおもいました。

②ななつごたちが、「とおいから　いや」などと　いったので、おかあさんは、こまってしまいました。きっと　おかあさんは、

[　　　]　と　おもったことでしょう。

③けいとのせんろが　できたとき、

[　　　]　と　おもいました。

④でんしゃごっこをしている　ねずみたちは、

[　　　]　そうに　みえました。

⑤おかあさんや　ねずみたちが　きゅうブレーキをかけたので、

[　　　]　と　おもいました。

⑥ながい　ねずみのでんしゃは、

[　　　]　と　おもいます。

⑦ねずみの　おかあさんは、

[　　　]　と　おもいました。

ねずみのでんしゃは　だいせいこうだったと　おもいます。

ワークシート『ねずみのでんしゃ』

『ねずみのでんしゃ』のワークシートの例
ワークシート▶ P100

子どもたちが書き入れたワークシートの例

読んだ本『ねずみのでんしゃ』（P14）

①七つ子たちがちゅう学校に行くので、おかあさんは、学校のよういをしてくれました。
（わたしは、くつ）がいいなあと思いました。
②七つ子たちが、「とおいから　いや」などといったので、おかあさんは、こまってしまいました。
きっと　おかあさんは、
（こまったなあ）と　思ったことでしょう。
③けいとのせんろが　できたとき、
（とってもすごいな）と　思いました。
④でんしゃごっこをしている　ねずみたちは、
（たのし　）そうに　見えました。
⑤おかあさんやねずみたちが　きゅうブレーキをかけたので、
（たいへんそうだなあ　）と思いました。
⑥長い　ねずみのでんしゃは、
（へびみたいだな　）と　思います。
⑦ねずみのおかあさんは、
（あたまがよさそうだな　）と
思いました。
⑧ねずみのでんしゃは　大せいこうだったと
思います。

U・R

①七つ子たちがちゅう学校に行くので、おかあさんは、学校のよういをしてくれました。
（ぼくは、ぼうし）がいいなあと思いました。
②七つ子たちが、「とおいから　いや」などといったので、おかあさんは、こまってしまいました。
きっと　おかあさんは、
（どうしようかな）と　思ったことでしょう。
③けいとのせんろが　できたとき、
（よかったな　）と　思いました。
④でんしゃごっこをしている　ねずみたちは、
（すごくたのし）そうに　見えました。
⑤おかあさんやねずみたちが　きゅうブレーキをかけたので、
（なんだろう　）と思いました。
⑥長い　ねずみのでんしゃは、
（おもしろい　）と　思います。
⑦ねずみのおかあさんは、
（せんろをつくることができて、すごい）と
思いました。
⑧ねずみのでんしゃは　大せいこうだったと
思います。

H・K

①七つ子たちがちゅう学校に行くので、おかあさん
は、学校のよういをしてくれました。
（わたしは、ぼうし）がいいなあと思いました。
②七つ子たちが、「とおいから　いや」などといった
ので、おかあさんは、こまってしまいました。
きっと　おかあさんは、
（どうしましょう）と　思ったことでしょう。
③けいとのせんろが　できたとき、
（七つ子たちもついてきてくれる）と　思いました。
④でんしゃごっこをしている　ねずみたちは、
（　たのし　）そうに　見えました。
⑤おかあさんやねずみたちが　きゅうブレーキをかけ
たので、
（　どうしたのかな　）と思いました。
⑥長い　ねずみのでんしゃは、
（にょろにょろへびみたいだ）と　思います。
⑦ねずみのおかあさんは、
（子どもたちがちゅう学校に行ってほっとした）と
思いました。
⑧ねずみのでんしゃは　大せいこうだったと
思います。

A・H

①七つ子たちがちゅう学校に行くので、おかあさん
は、学校のよういをしてくれました。
（　ぼくは、ぼうし　）がいいなあと思いました。
②七つ子たちが、「とおいから　いや」などといった
ので、おかあさんは、こまってしまいました。
きっと　おかあさんは、
（きいてくれないかな）と　思ったことでしょう。
③けいとのせんろが　できたとき、
（　やっとできた　）と　思いました。
④でんしゃごっこをしている　ねずみたちは、
（　たのし　）そうに　見えました。
⑤おかあさんやねずみたちが　きゅうブレーキをかけ
たので、
（　なんだ？　）と思いました。
⑥長い　ねずみのでんしゃは、
（　どくヘビだ　）と　思います。
⑦ねずみのおかあさんは、
（　なぜかばんをいも虫のかわでつくったんだ？　）と
思いました。
⑧ねずみのでんしゃは　大せいこうだったと
思います。

A・T

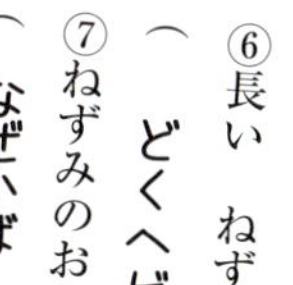

子どもたちが書き入れたワークシートの例

読んだ本『しゅくだい』（P15）

①しゅくだいが「だっこ」だったら、
（かんたんだ）とおもいます。
②いえに　かえる　もぐくんは、
（うれし）そうでした。
③おかあさんに「いま、あかちゃんが　ねむったところなの。」といわれて、もぐくんは
（しゅくだいがだっこなの）
とおもったでしょう。
④ゆうはんのとき、おとうさんに「しゅくだいはおわったのかい？」といわれた　もぐくんは、
（だっこしてくれない）
という　きもち　だったでしょう。
⑤おかあさんや　おとうさんにだっこしてもらって、もぐくんは、
（うれしい）と　おもったでしょう。
⑥もぐくんに、
（よかったね）と　いいたいです。

O・R

①しゅくだいが「だっこ」だったら、
（たのしい）とおもいます。
②いえに　かえる　もぐくんは、
（うれし）そうでした。
③おかあさんに「いま、あかちゃんが　ねむったところなの。」といわれて、もぐくんは
（え、ぼく、おやつがたべたいんじゃなくて）
とおもったでしょう。
④ゆうはんのとき、おとうさんに「しゅくだいはおわったのかい？」といわれた　もぐくんは、
（はずかしいな、パパにいうのは）
という　きもち　だったでしょう。
⑤おかあさんや　おとうさんにだっこしてもらって、もぐくんは、
（すごくうれしいな）と　おもったでしょう。
⑥もぐくんに、
（すごくよかったね）と　いいたいです。

O・Y

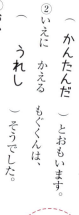

①しゅくだいが「だっこ」だったら、
（えー　）とおもいます。
②いえに　かえる　もぐくんは、
（とてもうれし）そうでした。
③おかあさんに「いま、あかちゃんが　ねむったとこ
ろなの。」といわれて、もぐくんは
（しゅくだいがだっこなんだよ　）
とおもったでしょう。
④ゆうはんのとき、おとうさんに「しゅくだいは
おわったのかい？」といわれた　もぐくんは、
（みんなだっこしてよ　）
という　きもち　だったでしょう。
⑤おかあさんや　おとうさんにだっこしてもらって、
もぐくんは、
（しゅくだいがおわったぞ）と　おもったでしょう。
⑥もぐくんに、
（みんなにだっこしてもらって）と　いいたいです。
よかったね

K・R

①しゅくだいが「だっこ」だったら、
（いいきもちだ　）とおもいます。
②いえに　かえる　もぐくんは、
（うれし　）そうでした。
③おかあさんに「いま、あかちゃんが　ねむったとこ
ろなの。」といわれて、もぐくんは
（だっこして！　）
とおもったでしょう。
④ゆうはんのとき、おとうさんに「しゅくだいは
おわったのかい？」といわれた　もぐくんは、
（しゅくだい、おわってない　）
という　きもち　だったでしょう。
⑤おかあさんや　おとうさんにだっこしてもらって、
もぐくんは、
（うれしかった　）と　おもったでしょう。
⑥もぐくんに、
（しゅくだい、だっこで　）と　いいたいです。
よかったね

K・S

同じ問いでも子どもたちの答え方は様々です。答えが短くてもＯＫですし、答え方がおかしくてもかまいません。

子どもが何を感じたかを表現することが重要です。

④ ワークシートを読ませる

ワークシートの穴埋めが終わったら、はじめから入っている（印刷されている）文と子どもが書いた文をつなげて読ませます。そうすることで、自分が書いたことの振りかえりができます。ゆっくりでも、間違えながらでもよいので、最後まで読ませます。

そして、読み終えたら「すごいね！　感想文が書けたね！」とほめてあげましょう。**子ども自身のことばが表現されていることが「感想文」**です。それを子どもに体験させてください。

⑤ 読書感想文を読んでみる

ほかの人が書いた読書感想文は、とても参考になります。声に出して読ませてみましょう。一年生などまだ読むことが苦手な場合は、大人が読んであげてもよいのです。読むことに子どもが苦痛を感じてしまうようであれば、無理に読ませることはありません。低学年は教科書が読めれば十分なのです。

読書感想文を大人が読んであげたり、子ども本人が読んだりすることで、子どもの理解が一段と進みます。

『ねずみのでんしゃ』の感想文例

小学校１年生

読んでみよう！

ぼくのまほう

一年　かながわ　けいた

「けいた、七じよ！」

おかあさんのこえに、ぼくは、まだねていたいとおもいます。「とおいからいや！」「ねむいからいや！」というねずみの七つごたちのきもちは、ぼくもおなじです。よるおそくまでおきていると、つぎのひはとってもねむいです。七つごたちもよふかしをしたのかな。

ねずみのおかあさんは、すごいとおもいます。こまった七つごたちを、でんしゃごっこをしながら、ちゅうがっこうにつれていったからです。「ちゅーちゅーごーごー」とうたいながらはしるでんしゃはほんとうにたのしそうです。それをみて、へびがおどろいてにげてしまったところがおもしろかったです。へびはたくさんのねずみたちをみて、とてもかなわないとおもったことでしょう。

びんのふたでぼうし、みのむしのかわでかばん、くるみのからでくつをつくったねずみ

20×20

のおかあさんは、なんでもへんしんさせてしまう、どらえもんみたいです。そして、いやなことでも、たのしいあそびにしてしまうので、まほうつかいみたいだとおもいました。

あさごはんをたべようとすると、ぼくのおさらにはトマトが。トマト、にがてだなあ。きらいなトマトに、ぼくはどうしようかとおもいました。そのとき、ねずみのおかあさんのことをおもいだし、ぼくもしりとりをかんがえました。

「トマト↓とうふ↓ぶどう↓うすやきたまご↓ごはん」

すると、トマトはすっとおなかにはいっていきました。

「トマト、たべちゃった！」

とおかあさんにいうと、おかあさんはぼくをみて、にこっとわらいました。そうだ、こんどは、よふかしをしないぼくのまほうをかんがえよう。

20×20

⑥ 感想文の感想を聞く

⑤の感想文例を読んで、この文章の「どこが上手だと思うか」を子どもが言えればしめたものです。「上手なところ」を発見できれば、そのマネができることにつながります。私は文章も絵を描くことと同じではないかと考えます。素晴らしい絵を見て、その模写ができる……これは絵を上手に描くきっかけにもなるのではないでしょうか。もちろん、文章の盗作は決してしてはいけませんが、どういう文章にあこがれるかを見出すことは、自分の文章を磨く方法の一つではないかと思います。

もし、子どもが上手なところを言えなくても焦る必要はありません。さらに大人が「ここが上手

だよね」などと誘導するのは避けましょう。子どもの感性を大事にすることが大切です。大人が先に言ってしまうと、次も大人が言ってくれることをあてにします。いつまでも自分で考えることに消極的な子どもになってしまいかねません。ここでも大人が「待つ」ことが大事です。子どもが答えられないようなら、「今度からは上手なところを探してみようね」と次への期待を促せばよいのです。

子どもはできないことをできるようにしたいと思う気持ちをもっています。それを後押しするようなことばがけをしましょう。

2 対話で進める読書感想文（低学年）

対話をしよう

12ページからの〈1　読書感想文の練習〉を体験した子どもが、「感想を言うことができれば、読書感想文になる」ことがわかれば大きな前進です。

次は「質問に答えてもらう」という対話形式で読書感想文を書く方法に進みましょう。これは「インタビューごっこ」や、おしゃべりしたいことを紙に書きながら対話を進める「えんぴつ対談」のようなものです。一対一の対話は子どもの素直な気持ちに触れたり、ちょっとした気づきや思いを引き出すことができます。

そこで、対話を楽しみながら感想文にたどりつくように、質問の内容を工夫してみましょう。

対話の進め方

① 本を選ぶ

「感想文を書くために本を読む」のは、好ましくありません。物語の世界に入り込んで、泣いたり笑ったり、自分の知らない世界が拓けたりすることが読書の醍醐味です。そういう読書の楽しみを知るために、普段から本を読む習慣をつけましょう。ただし、子どもの興味関心は個々に違いますから、本は苦手だとか、あまり読むことに関心を示さない子もいます。最近は物語だけでなく、科学読み物など知識の本もかなり出版されていて、子どもが興味をもつジャンルは広がっています。普段から子どもの特性を把握し、関心のある分野の本を促すように大人は努めたいものです。

感想文の本というと、幼年童話を考える方が多いようですが、低学年では絵本で十分です。もちろん、本好きで二百ページレベルの本も読みこなす子どもであれば絵本以外の物語もよいと思いますが、背伸びをしていつも読まないような本にチャレンジする必要はありません。

感想文を書く練習では絵本や幼児向けの本でもかまいませんが、学校へ提出するような原稿用紙に書く枚数が決まっている感想文となると、一ページに一文か二文しか書かれていない絵本などは、かえって感想が広がらないでしょう。かといって、文字が小さく、文字数の多いものも子どもには負担になります。個人差がありますが、その子にとってやさしく感じられる本を選ぶとよいでしょう。

初めて感想文を書く際の参考にしてください。

『そらまめくんのベッド』
なかやみわ／作・絵
福音館書店

そらまめくんの宝物はふわふわのベッド。だからだれにも貸してあげません。ところが、そのベッドが突然なくなってしまったのです……。

『おつきさまこっちむいて』
片山令子／文　片山 健／絵
福音館書店

三日月がだんだん姿をかえ、やがて満月になりました。おつきさま、こっちむいて！　いろんな形の月といろんなところで出会います。

『おおきなおおきな木』
よこたきよし／作　いもとようこ／絵
金の星社

おおきなおおきな木がありました。木にはおおきなあながあいていました。そのあなでひとやすみするとふしぎなゆめをみるのです……。

『おひさまパン』
エリサ・クレヴェン／作・絵
江国香織／訳　金の星社

おひさまがかくれてしまった町。寒くて暗くて、色もなくなってしまいました。「それなら私がおひさまパンを焼きましょう」とパンやさんが金色に輝くパンを焼くと……。

おすすめ BOOK GUIDE ②

『ちびうそくん』
乾栄里子／作　西村敏雄／絵
ＰＨＰ研究所

「ともだちって、いいな」パンダみたいなにんきものになりたいちびうそくん。なかよしのかものくんは、げんきがないちびうそくんのために……。

『ゆうひのしずく』
あまんきみこ／文　しのとおすみこ／絵
小峰書店

あるとき、ありはきりんにたのんで高いあたまに登らせてもらうと、見えたのは広い空、青い海。ありをおろしたきりんが見たのは、しずくのような小さな赤い花。

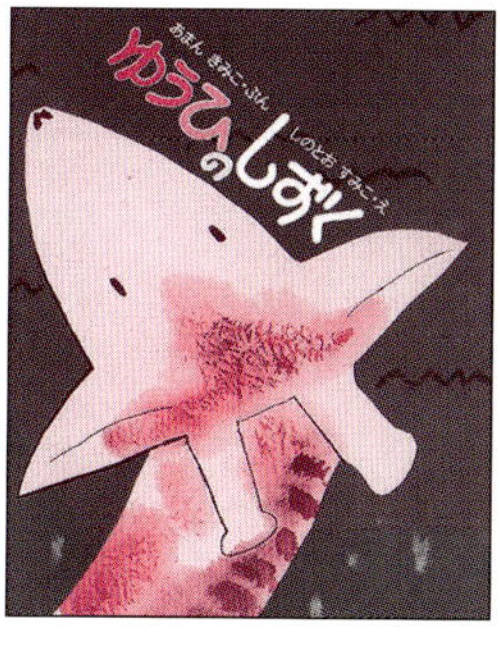

『どんぐりのき』
亀岡亜希子／作　ＰＨＰ研究所

にがくてかたいどんぐりやい、にてもやいてもたべられん。いつしかどんぐりのきは、どんぐりをつけなくなってしまいました……。

『コウモリのルーファスくん』
トミ・ウンゲラー／作　今江祥智／訳
ＢＬ出版

コウモリのルーファスくんは、じぶんの黒いいしょうにうんざり。あるとき、うまいぐあいにだれかが「えのぐばこ」をわすれていたので、ルーファスは耳を赤く、つめは青く、あしはむらさきいろに、じぶんをきれいにぬりかえました。そして……。

初めて感想文を書く際の参考にしてください。

『うさぎがそらをなめました』
あまんきみこ／作　黒井 健／絵
フレーベル館

ある日、えりこは野原にそらいろのハンカチをわすれてしまいました。野原では、うさぎが３びき。「へえ、これがそらかあ」「そらがおちたのかあ」ハンカチをかこんでおおさわぎ。えりこのハンカチは、どうなるでしょう？

『キリンがくる日』
志茂田景樹／文　木島誠悟／絵
ポプラ社

ここは、「きたのどうぶつえん」。このどうぶつえんにはキリンがいません。どうぶつえんのえんちょうさんがやってきて、「もうじき、キリンがやってくるよ。だけどね、しんぱいなことがあるんだ……」といいます。

『いじわるなないしょオバケ』
ティエリー・ロブレヒト／作
フィリップ・ホーセンス／絵
野坂悦子／訳　文渓堂

うっかりママのたいせつなしんじゅのくびかざりをこわしてしまったサラ。ほんとうのことがいえず、ないしょにしていたら…　くちからオバケがとびだしちゃった！

『こんばんは　あおこさん』
かわかみたかこ／作
アリス館

「寝るのなんてつまんない」と、夜なかなか寝ようとしないあおこさん。すると、「こんばんは　あおこさん」と声がします。その声に誘われながら、こうもりやほたる、月などと出会うあおこさん……。

『しゃっくりがいこつ』
マージェリー・カイラー／作
S.D. シンドラー／絵
黒宮純子／訳
らんか社

がいこつのしゃっくりはほねがきしんではがちがちいっておなかがよじれてもうたいへん。ヒック、ヒック、ヒック。どうしたらがいこつのしゃっくりはとめられるでしょうか。

『ともだちやま』
加藤休ミ／作　ビリケン出版

きょうはなにしてあそぼうかな。たかいやまに、ぎざぎざやま、そして、べたべたぐにゃぐにゃのやま。やま、やま、やま。やま、やま。そうだ、やまであそぼう。

『としょかんねずみ』
ダニエル・カーク／文・絵
わたなべてつた／訳　瑞雲舎

サムは、図書館に住むねずみです。子どもの調べものコーナーのうしろの、小さな穴のなかで暮らしています。サムは、とにかく本を読むのが大好き。

『いいものみーつけた』
レオニード・ゴア／作　藤原宏之／訳
新日本出版社

クマさんがあたまにのせてるのはなーに？　どうぶつたちがもりのなかで、みつけたよ。ここになんだかいいものがある。ベッドかな？　テーブルかな？　ぼうしかな？　そこへ、とてもかしこいぼうやがやってきて…。

② 大人も同じ本を読む

本が決まったら、大人も一緒にその本を読んでみてください。文字量の多い本ではないと思いますので、それほど時間はかからないでしょう。読んだら、まず大人がどんなことを思ったかを考えてみます。そして、大人が感じたことと、子どもが感じたことの違っているところを見つけます。その子が感じたことばが感想文に入ることで、文章がぐっとイキイキしてくるからです。

武田美穂／作・絵　ポプラ社

『ますだくんのランドセル』という本がありますが、多くの子どもは「みほちゃんがますだ君に意地悪をされてかわいそう」と書きます。だれもが感じることを書くのはわるいことではありませんが、「普通」であり「一般的」な感想文となります。その中で、「ぼくはますだ君と同じです」

と書き出した子がいました。自分を素直に表現したわけですが、そういう気持ちを出せるのが感想文の魅力だといえるでしょう。

③ 質問（インタビュー）をする

さて、読んだ本の感想を聞くのはどういう時がいいでしょうか？

「感想文を書かないとだめでしょ」、「これからお母さんが質問するわよ」といった強制的な導入から始めるのは感心しません。例えば、「お母さんもこの本を読んだけど、面白かったよ。それで○○ちゃんに質問してもいいかな？」と話してみましょう。

ただし、子どもが疲れていたり、眠そうだったり、他の何かに夢中になっている時はやめます。また、大人自身が疲れている時も避けます。お互いにゆったりしている時間のなかで、子どもと向き合い、本について語り合いましょう。

また、「この本のどこがよかった?」「この本で一番面白かったところはどこ?」といった質問を始めると、それに答えるだけで子どもは精一杯です。最初のページから一ページずつ質問しましょう。もちろん全てのページについて質問をする必要はありません。

子どもの回答は、はがきの二分の一くらい大きさのカードやメモ用紙(大きめのふせん)に書きます。(書き方は、次の④を参考にしてください)

次ページは、『ぼくだってトカゲ』(P14参照)を読んだ子どもに質問をした例です。子どもと一緒に絵本の絵を見ながら話をしています。

質問する人（大人）Q

N君

答える人（子ども）A

Q1
『ぼくだってトカゲ』のトカゲのしっぽが起きろ、起きろって言ったのに、頭はどうしたかな？

A1
気づかなかったよ。

Q2
どうして？（気づかなかったのかな。）

A2
はっきり起きていなかったからかなあ。

Q3
なるほど。頭は体を切って、どうしたの？

A3
逃げたよ。

Q4
その時、しっぽはどう思ったかなあ。

A4
悲しかったと思う。

Q5
それからもしっぽはトンビにつぶされそうになったけど、N君はどう思う？

A5
助けてあげたいなあ。

Q6
太陽の熱で暑くなってきた時は？

A6
日干しになりそう。

Q7
日干しになりそうなしっぽはどうなるんだろう？

A7
ナメクジが日干しになっていたところを見たことがあるから、それと同じになっちゃうかなと思う。

質問する人（大人）Q
N君
答える人（子ども）A
Q8
しっぽから体が生えてきたよね？
A8
うん、よかったね。
Q9
体が生えてきたしっぽに何か言うとしたら、どんなことを言いたい？
A9
「とかげになったね、カエル君も応援してるよ！」
Q10
どうして体が生えてきたんだと思う？
Q10
おじさんとしっぽも一生懸命歌ったからだと思うよ。心が一緒になったんだよ。
Q11
とかげのしっぽが何か言っているみたいだよ。
Q11
そうだね、やればできるって言ってるかなあ。
Q12
N君の苦手なことってなあに？
Q12
宿題！
Q13
宿題なんだ。宿題もやれば意外とできるんじゃないの？
Q13
うん、そうだね、ぼくも宿題がんばるよ。

このように、絵を見ながら大人が質問をし、子どもの答えからそれに関する質問をさらにしていくと、子どもの気持ちを引き出すことができます。ただ、日常の会話が希薄だと、子どもからの気持ちや感想はなかなか出てこないでしょう。また普段から子どもの質問にきちんと答える姿勢も大切です。コミュニケーションをしっかり取りあって、子どもの感想を引き出しましょう。

④ 答えをカードに書く

質問に答えた子どものことばは、すぐにカードに書き込みます。子どもが自分で答えたことを自分で書くことがベストですが、時間がかかってしまって子どもが嫌になるようであれば、子どもの答えをそのまま大人が記録してもよいでしょう。その時は、大人がことばを変えたりせずに、子どもが答えたとおりに書きます。

P37、38の答えをカードにすると、上のようになります。しかし、これでは何がどうなったのかがわかりません。そこで質問の部分を大人が補足して、下のようなカードにしましょう。

最初に書いた答えのカード

A1 気づかなかったよ。

A2 はっきり起きていなかったからかなあ。

A3 逃げたよ。

A4 悲しかったと思う。

A5 助けてあげたいなあ。

補足した答えのカード

A1 しっぽが起きろ、起きろって言ったのに、頭は気づきませんでした。

A2 頭は、はっきり起きていなかったからかなあ。

A3 頭は体を切って、逃げてしまいました。

A4 しっぽは悲しかったと思います。

A5 しっぽがトンビにつぶされそうになったときは、助けてあげたいなあと思いました。

A6
日干しになりそう。

太陽の熱で暑くなってきた時は、日干しになりそうでした。

A7
ナメクジが日干しになっていたところを見たことがあるから、それと同じになっちゃうかなと思う。

ナメクジが日干しになっていたところを見たことがあるから、それと同じになっちゃうかなと思いました。

A8
うん、よかったね。

しっぽから体が生えてきてよかったです。

A9
「とかげになったね、カエル君も応援してるよ！」

「とかげになったね、カエル君も応援してるよ！」と言いたいです。

A10
おじさんとしっぽも一生懸命歌ったからだと思うよ。心が一緒になったんだよ。

おじさんとしっぽも一生懸命歌って、心が一緒になったからだと思います。

A11
そうだね、やればできるって言ってるかなあ。

とかげのしっぽは「やればできる」と言っているみたいです。

A12
宿題！

宿題が苦手です。

A13
うん、そうだね、ぼくも宿題がんばるよ。

ぼくも宿題がんばります。

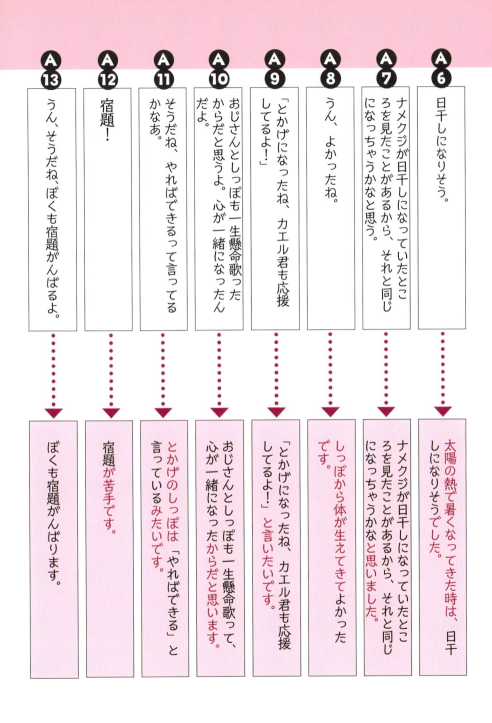

⑤ カードを組み立てる

補足後の答えのカードを並べ、つながらない部分に**接続詞**や**主語**などを付け足してみましょう。子どもと一緒に話し合いながら考えるとよいでしょう。A2のカードは自分が思ったことなので、主語の「ぼくは」を付け足します。

A2
頭は、はっきり起きていなかったからかなあ。
＋
ぼくは（主語）
＝
ぼくは、「頭ははっきり起きていなかったからかなあ」と思います。

また、A3とA4の二つのカードの間に接続詞の「だから」を入れると文章に流れができます。

A3
頭は体を切って、逃げてしまいました。
＋
だから（接続詞）
＋
A4
しっぽは悲しかったと思います。
＝
頭は体を切って、逃げてしまいました。だから、しっぽは悲しかったと思います。

とはいえ、低学年ではこのような接続詞などを考えるのはむずかしいこともあります。例になるような他の文を見せながら、文章を構成していきましょう。

ただし、あくまで子どもの気持ちが基本です。大人が勝手に文章を構成してしまうと、つまらない感想文になりかねません。子どもの気持ちを尊重して組み立てていきましょう。

⑥ 清書をする

カードを並べ、それを見ながら清書をしていきます。感想文のタイトルは、〈『ぼくだってトカゲ』をよんで〉というようなタイトルにはしないようにしま

す。なぜなら「~をよんで」では、その感想文で何を言いたいのか、何を感じたのかがはっきりしません。感想文ができあがったら、子どもが何を一番言いたかったのかを話し合って、タイトルを付けるようにしましょう。

次ページには、『ぼくだってトカゲ』のカードを元に、親子で対話をくり返して書き上げた作品を紹介します。

清書のアドバイス

清書は、子どもが自分で間違いなく書くことが基本です。しかし、低学年の子どもは誤字や脱字、行の間違えなども多く、何度も書き直さなければならない場合もあるでしょう。それでは子どものやる気も失せてしまいます。

そこで、子どもと対話をして書く内容が決まったら、大人が清書をする原稿用紙の書き方を示してあげるとよいでしょう。（パソコンのワープロソフトにある原稿用紙に打ち込むことも可）それを見ながら、きちんと清書させると、何度も書き直すことは避けられます。

『ぼくだってトカゲ』の感想文例

小学校１年生

読んでみよう！

できないことはないよ

一ねん　いわた　なおや

とんびにつかまったとき、とかげのあたまは「ねぼけまなこ」でした。

「ねぼけまなこって、なーに。」

とおばあちゃんにきいたら、

「あたまがぼんやりとしていることだよ。」

と、おしえてくれました。だから、しっぽが

「おきろ、おきろ。」

といっても、あたまはきがつかなかったんだなあ。

そんなあたまは、しっぽをきってにげてしまいます。しっぽはとってもかなしかったでしょう。とんびにつぶされそうで、こわされそうで、ぼくはすぐにたすけてあげたかったです。

じりじりとあつくなって、とかげはひぼしになってしまいそう。ずっとまえに、なめくじがひからびているのをみたので、とかげがなめくじみたいになっちゃうのかなあと、とってもしんぱいでした。

20×20

かなぶんのおじさんがたすけてくれて、とかげのしっぽからにょきにょきとからだがはえてきました。

「やったあ、とかげになったぞ！」

と、ぼくはいいました。かえるくんたちもおうえんしてくれています。きっと、かなぶんのおじさんと、とかげのしっぽのうたが、こころにはいったのでしょう。

とかげのしっぽは、

「できないことはない！」

といっているようでした。ぼくはしゅくだいがにがてです。だけど、

「やればできるよ。」

と、とかげのしっぽからおしえてもらいました。だからこれからはがんばってやります。

とかげになったことは、とんびにはないしょ。また、とんびにたべられたくはないものね、しっぽくん。

20×20

3 読書感想文の基礎練習（中学年）

段階的な練習とは

低学年と同様に、中学年でもまずは読書感想文の書き方を練習させたいものです。その理由は、中学年になって初めて感想文にチャレンジすることがあったり、低学年で書いた感想文があらすじで終わってしまっていたりすることが多いからです。

低学年の項で説明しましたが、読書感想文は自分の感想を書くことが基本です。その「感想を書く」体験をさせることが、中学年でも読書感想文を書くための第一歩といえます。

① 本を選んで読む

練習なので、読み聞かせをしてもらったことのある本や、比較的ページ数が少ない本を選びましょう。中学年には、少し文章が長めの絵本などがよいと思います。

公益社団法人　※全国学校図書館協議会（ＳＬＡ）が出している短編の集団読書テキストを選んでみるのも一案です。集団読書テキストとは、小冊子のような形態で文章もあまり長くないので、限られた時間でも読むことができます。

※全国学校図書館協議会（SLA）
http://www.j-sla.or.jp/
集団読書テキストの作品リスト
http://www.j-sla.or.jp/book-buy/post-137.htm

② ワークシートを利用する

中学年ではワークシートの質問を読みながら自分で答えさせます。三年生になったばかりの時期であれば、大人と一緒に質問を読みながら記入させるのもよいでしょう。『ベルナルさんのぼうし』のあらすじとワークシートの例を紹介します。

いまいあやの／作・絵
ＢＬ出版

『ベルナルさんのぼうし』のあらすじ

くまのベルナルさんには友だちがいません。いつも「ひとりの方が気楽でくらしやすい」と言っています。そんなベルナルさんのかぶっていた帽子を、鳥たちが住処にしてしまいます。鳥が増えると帽子の高さもどんどん高くなっていきます。ベルナルさんはだんだん鳥と一緒にいることが楽しくなってきました。

冬になり、鳥たちが去っていきます。ベルナルさんも冬眠しなければなりません。必死で眠らないようにがんばりますが、とうとう冬眠してしまいました。

春がやってきて、眠りから覚めたベルナルさんが目にしたものは、帽子に鳥たちがにぎやかに戻ってきた姿でした。

子どもたちが書き入れたワークシートの例

読んだ本『ベルナルさんのぼうし』

①はじめ、ベルナルさんはひとりぼっちで、
（さみしそうだ）と思いました。
②とつぜん、キツツキがベルナルさんのぼうしにあなをあけはじめたので、
（びっくりしました）と思いました。
③ベルナルさんが「だめだめ、やめてくれ！」と言ってもあなを作ってしまうので、ベルナルさんは
（どうしたらいいんだろうと考えた）でしょう。
④わたしは、ぼうしがどんどん高くなっていくので、
（へんなことがおきるぼうしだな）と思いました。
⑤小鳥たちと海をながめているベルナルさんは、
（まっくろいかげに）見えました。
⑥だからぼうしがからになったとき、ベルナルさんは（かなしかった）と思います。
⑦きっとベルナルさんは、いっしょうけんめいおきていて、
（キツツキたちが来るのをまっていたの）でしょう。
⑧わたしは、ベルナルさんに
（「キツツキたちはまた帰ってくるよ」と）言いたいです。

S・A

①はじめ、ベルナルさんはひとりぼっちで、
（さみしいと思っていた）と思いました。
②とつぜん、キツツキがベルナルさんのぼうしにあなをあけはじめたので、
（たいへんだ）と思いました。
③ベルナルさんが「だめだめ、やめてくれ！」と言ってもあなを作ってしまうので、ベルナルさんは
（こまったなと思った）でしょう。
④わたしは、ぼうしがどんどん高くなっていくので、
（すごい）と思いました。
⑤小鳥たちと海をながめているベルナルさんは、
（楽しそうに）見えました。
⑥だからぼうしがからになったとき、ベルナルさんは（どこにいってしまったのか心配だったと）と思います。
⑦きっとベルナルさんは、いっしょうけんめいおきていて、
（つかれた）でしょう。
⑧わたしは、ベルナルさんに
（「鳥たちがもどってきてよかったですね」と）言いたいです。

K・R

③ 読書感想文を読んでみる

できれば同じ本の感想文がよいのですが、それを見つけることも大変なので、読みやすい感想文を探してみましょう。

※神奈川県の場合、『読書感想文画集』が毎年発行されています。

見本例として読む場合は、子どもの学年より一学年下の学年の作品を読ませるとよいでしょう。学年が一つ違うだけで、理解度が違います。また、自分より下の学年の人が書いた作品だと、「自分の方が年上だ」という気持ちで、余裕をもって読むことができるようです。

※神奈川県の場合は、年度によって県学校図書館協議会事務局の学校が違います。お子さんの学校に問い合わせてみてください。毎年１月か２月頃、お子さんを通して『読書感想文画集』の購入について案内があります。

神奈川県以外の地域でも同様の冊子が発行されていることが多いようです。

賞をとるような優秀な感想文より、誰もが身近に感じるようなことが書かれている感想文を読んで、子どもが「いいなあ」と思うところに気づかせることです。子どもがよいと思ったところに、「えっ、いいところってそこなの？」と否定したり、「ここがいいと思うよ」と大人の感じた部分を示したりするのは避けましょう。子どもが選んだ文やことばを「そうだね、いいところを見つけたね」と同意することを心がけます。そうすることで、子どもは自信をもち、読書感想文を書くことに意欲的になっていきます。

『ベルナルさんのぼうし』の感想文例

小学校３年生

読んでみよう！

友だちっていいな

三年　中村　正太

　ベルナルさんはひとりぼっちで本当はさみしかったと思います。でも、ベルナルさんは

「気楽でいい。」

と言っていました。

　とつぜん、キツツキがベルナルさんのぼうしに穴をあけはじめたので、ベルナルさんはびっくりしたと思います。ぼくは、ほかの木に穴をあければいいのになあと思いました。ベルナルさんが「やめてくれ！」と言っても鳥たちはぼうしに穴を作ってしまうので、ベルナルさんがちょっとかわいそうでした。

　鳥たちがどんどんふえ、ぼうしもどんどん高くなりました。そうするとベルナルさんはそれまでとちがって、ちょっと楽しんでいるようでした。そんなベルナルさんは鳥たちと海をながめて、しあわせな気持ちになっていたように思いました。心が空にうかんでいるような気もちになって、すっかり鳥たちと友

20×20

だちになったことでしょう。

　だから、ぼうしがからになったとき、ベルナルさんの心もからっぽになってしまったようです。ひんやりした風は、ベルナルさんの心につめたく、さみしさをはこんできたのではないでしょうか。

「しずかなもとのくらしにもどれるというものさ。」

と言いながら、とうみんするきせつになってもいっしょうけんめいおきていたのは、キツツキたちが来てくれるのをまっていたのだと思います。

　目をさましたベルナルさんが見たものは、春になったけしきや大きな木になったぼうしでした。そこには、鳥たちがやってきていました。ぼくは、ベルナルさんに

「友だちがもどってきてくれてよかったね。」

と言いたいです。きっとベルナルさんはひとりより友だちがいた方がいいなと思っていることでしょう。

20×20

右の感想文の文末に注目してください。

「……と思います。」「……そうでした。」「……ようでした。」

「……ように思いました。」「……ことでしょう。」

「……のではないでしょうか。」「……と言いたいです。」

「……と思っていることでしょう。」

感想や考えたことが微妙に異なる文末で表現されています。

全てを「……と思います。」「……と思いました。」となると、読み手は同じ文末のくり返しにうんざりします。ここでは触れませんが、読み手を意識して書くことも大事です。

読書感想文を書く

感想文の練習ができたところで、ここからは子どもが書きたいと思った本の感想文にチャレンジさせてみましょう。

① 本を選ぶ

子どもが以前に読んだことのある本を選んだ方が感想文は書きやすいでしょう。しかし、何でもよいというわけにはいきません。教科書にも年齢にあった本が紹介されていますし、公共図書館にも子ども向けにお勧めの本を紹介している

本の選び方のアドバイス

最近は、マンガでも学習に関わっていて、内容も充実しているものもあります。ただ、学習マンガの多くは知識注入型のものが多いので、感想文を書くのはむずかしいでしょう。

また、文学作品のマンガ版は、同じタイトルの物語の文章版と比べると、感想文にはちょっと向いてないのではないかと思うことがあります。なぜかというと、マンガで描かれたことでイメージが固定化されてしまうからです。

感想文は「感想」を表現した文です。文字からの方が「感想」をより広げ、深められるのではないでしょうか。登場人物やその心情、様々な背景など、イメージを豊かにもちながら読むことができればよいでしょう。

ニュースやリーフレットを配布しているところもあります。学校や図書館の司書の方に聞いてみてもよいでしょう。

② 質問を考え、答えをカードに書く

中学年では、質問も自分で考えさせます。しかし、あまり質問が思いつかないようなら、低学年と同様に大人が質問を考えてもよいです。子どもが考えた質問と大人が考えた質問を交えることで答えが増え、感想が深まっていくでしょう。

答えは、低学年で使ったカードやメモ用紙、または大きめの付せんなどに書きましょう。書き方は低学年の実践（P39〜）を参考にしてください。

③ 順序を考える

答えを書き終えたら、それを並べてみましょう。そこから一番強く感じたことは何かを見つけます。つまり、自分が一番言いたいことを考えるわけです。

これが決まれば、次のような構成を考えます。

- 物語のあらすじにそいながら、自分の言いたいこと書く
- はじめに一番言いたいことを示して、その理由を説明する
- 物語を自分の体験と比較して、一番言いたいことを書く

考えた構成案にしたがって答えを並べかえ、文章やことばを補足しながら下書きをしていきます。

④ 清書をする

P52の感想文例を参考に、段落やマスに気を付けて書くようにしましょう（原稿用紙の書き方の詳細はP90参照）。上手な字でなくてもよいですが、ていねいに書くこと、また漢字などを間違えないようにします。書き終えたら、大人がチェックしてあげましょう。

4 読書感想文　料理教室

私が読書感想文について親子のための講座を実施する際には、読書感想文と料理を関連付けて「読書感想文　料理教室」としてお話しています。

① 作る料理を選ぶ　↓　本を選ぶ

作る料理を選ぶのと同じように、読書感想文のための本を選びます。料理の献立は、食べたい料理にしようとか、おもてなし料理にしようなどと考えますよね。感想文も同様に、どんな本の感想文を書きたいかを考えて本を選びます。

② 材料を揃える　↓　質問をする

作りたい料理が決まれば、必要な材料を揃えます。感想文の場合、大人が感想文の材料となるような質問を考え、子どもに答えさせます。そして、子どもの答えから次の質問を考えるとよいでしょう。

読書感想文 料理教室

（感想文　書き方のヒント）

読書感想文の書き方を、料理作りと結び付けて工夫してみましょう。

料　理	読書感想文	ポイント
①作る料理を選ぼう ・好きな料理は？ ・よく食べる料理は？	①子どもが本を選ぼう。 ・好きな本はありますか？ ・よく読む本は何ですか？	●本と体験が似ていると書きやすいでしょう。
②材料を揃えよう ・どんな材料にするかな？	②大人が質問をしよう。 ・具体的な質問を考えよう。 ・答えやすい質問を考えよう。	●様々な質問を考えるとよいでしょう。
③下ごしらえをしよう ・自分で洗えるかな？ ・自分で切れるかな？	③子どもが質問に答えよう。 ・素直に答えよう。 ・自分のことばで答えよう。	●子どもの発言が一番大切です。
④調理しよう ・火加減は？ ・どのくらい時間がかかるかな？	④一緒に思いや意見を生み出そう。 ・理由を引き出そう。 ・想像を広げよう。 ・気持ちを詳しく探ろう。 ・話をゆっくり聞き出そう。	●ゆったり話し合うようにしましょう。 ●どんな気持ちも大切に。否定はしないで。
⑤味付けをしよう ・どんな味がいい？ ・何で味付けをする？	⑤一緒に構成を考えよう。 ・書き出しはどうしようか？ ・どんな順にしようか？	●接続詞や言い方の工夫をしましょう。
⑥盛り付けよう ・どんな盛り付けかな？ ・彩りも工夫して！	⑥一緒に仕上げを工夫しよう。 ・「　」を使ってみよう。 ・題名はどうしようかな？	●主張を題名にすると効果的です。

③ 下ごしらえをする → 質問に答える

材料が揃ったら下ごしらえをします。感想文では、子どもが質問に答えることが下ごしらえです。下ごしらえがないまま即席で作ろうとすると、おいしい料理は作れません。最近は即席料理もおいしいものがあるようですが、感想文の即席は感心できません。子どもの気持ちを素直に表現した下ごしらえこそ、その子の個性を引き出す感想文の素になります。子どもが答えやすい質問を考えたり、答えたことを否定しないことを心がけて、子どもとの対話を楽しみましょう。

④ 調理する → 思いや意見を生み出す

いよいよ調理です。下ごしらえした材料のうまみを引き出す調理は、火加減や調理時間などの研究が必要となります。感想文も同じです。下ごしらえをした子どもの答えを文章化します。子どもと一緒に確認しながら、ことばや文を付け足したり、想像を広げていきます。

⑤　味付けをする　→　構成を考える

調理時には味付けが必要です。感想文では、③の答えが書かれたカードを並べ、構成を考えます。順番を決めたり、接続詞や言い方の工夫をします。

⑥　盛り付けをする　→　仕上げを工夫する

最後は盛り付けです。盛り付ける器を選択し、飾り付けを工夫するなど、料理を仕上げるためには見た目にも食欲をそそることが求められます。感想文では最後の一工夫となります。「　　」を効果的に使ったり、題名を工夫することで、ワンランクアップした作品となるでしょう。

感想文シェフのひとりごと

シェフから特別な調味料をお教えします。

- 感想文の内容にもストーリー性（ドラマ）があると引き立ちます。
- 読者への呼びかけも効果的です。
- 自分にしか書けないような感想を入れてみましょう。
- 普段からいろいろな本や資料を読んだり、語彙の量を増やしましょう。
- 日常会話の中で、様々な言い方を工夫するように心がけましょう。
- 書くだけでなく、ほかの人が書いた読書感想文※を読みましょう。

※『考える読書』全国学校図書館協議会／編　毎日新聞出版　等

5 読書感想文につなげる練習（高学年）

日常的な実践を

日頃から感想をもったり、意見を考え、自分の気持ちを書きとめることが、読書感想文を書くことにつながります。日常生活の中で読んだ本の記録を残したり、友だちや家族と読んだ本について語り合ったりしてみましょう。

① 読書の記録を書く

本を読んだ後は、読んだ日付とともに本の題名や作者名をノートに書いておきましょう。それに感想やあらすじなどを書き加えておくと、読書のふり返りに役立ちます。そして、感想文を書く時にもこの記録を参考にすることができます。

詳細な記録は必要ありません。簡単でよいので、読んだらすぐ書くことを習慣化するように心がけましょう。

② 読書会をする

同じ本を読んだ人と、その本についての感想や意見を言って交流するのが「読書会」です。学校で行う読書会だけではなく、友だちや家族と読んだ本について語り合う機会があるとよいでしょう。読書会をすると、他の人の感想や意見にはっとすることがあります。こういった自分以外の人の感想に目を向けるのは、とても大事な体験です。本について話し合うことは、感想文を書く練習にもなるでしょう。家族で行う場合は、親も一緒に同じ本を読むわけですが、高学年向けの本のなかには一日で読むことがむずかしいものもあります。しかし、大人が子どもの目線で読むの楽しいものです。

例えば、集団読書テキスト『マチンバ』（安東みきえ／文　ただのゆみこ／絵　全国学校

集団読書テキスト『マチンバ』のあらすじ

「町に住むヤマンバ」という意味で「マチンバ」というあだなをつけたおばあさんがいる。ミオたちはマチンバの反応を見ながら、ピンポンダッシュを続けた。ピンポンダッシュは悪いことだが、憎らしいマチンバをやりまかすのは胸のすくゲームだった。

ある日、だいちゃんが逃げる時にマチンバの玄関にあった鉢を倒してしまった。「はやく、にげろ。」と言われたが、ミオと妹のヒナコは、「ごめんなさい。」と半泣きで謝った。それからしばらくして、マチンバの姿が見えなくなってしまった。涼子がマチンバは入院したと聞いてきた。マチンバの家のピンポンを押すと、見慣れないおばさんが出てきて、マチンバの話をしてくれた。ミオとヒナコは自分たちの思っていたことと全く違うマチンバの姿を知る。

（図書館協議会）の読書会では、次のようなことについて話し合いました。

『マチンバ』の読書会でポイントになったこと

- ミオたちはなぜピンポンダッシュをするのか。
- ピンポンダッシュする時、どんな気持ちになったのか。
- マチンバをどんな人だと思っているのか。
- ミオはヒナコのことをどう思っていたか。
- 「お姉ちゃん」と呼ばれて、ミオはどんな気持ちになったか。

『マチンバ』の読書会の様子

なぜ、ミオたちはピンポンダッシュをするんだろうね？
マチンバがどんなことをしているのか、知りたかったんじゃないかな。
それと自分たちのことをマチンバに知らせたかったのかも？
そうだね、だからミオとヒナコ、２人でマチンバのところに行ったんだろうね。
行った時は、ドキドキだったと思うよ。
マチンバはその２人の気持ちを、けっこう知っていたと思うな。
なるほどね。

③ ビブリオバトルをする

※ビブリオバトルは、三人以上で自分のお気に入りの本を紹介し、それについてディスカッションします。そして、一番読みたくなった本をチャンプ本にするゲームです。本を紹介する時間は五分間ですが、小学生では三分間で紹介するミニ・ビブリオバトルがあります。授業などで実践することがあり、読書を推進する方法として注目されています。

友だちや家族の紹介を聞いて、読んでみたい本が増えますし、読書のジャンルも広がります。また、お気に入りの本を勧めるためには、読んだ本のよさを人に伝えなくてはなりません。ゲームを通して感想文を書く練習にもつながることでしょう。

※ビブリオバトル公式ウェブサイト　http://www.bibliobattle.jp/

④ 本の紹介文を書く

お勧めの本の紹介文を書くことも感想文につながるステップです。その時に、「面白いのでぜひ読んでください。」とか「主人公が○○するところがよかったです。みなさんにもお勧めです。」だけでは本のよさが伝わりません。お決まりの文言や漠然とした紹介文では、その本を読んでみたいと思う人は少ないでしょう。

そこで次のような点を考えてみましょう。

- 簡単なあらすじを紹介する。
- 一番感動した場面とその理由を書く。
- 主人公がどう変化していくかを説明する。
- お勧めポイントのキャッチフレーズを考える。

こういったことをおさえて書くことで、その本を勧めたい理由がはっきりします。

書店によくあるＰＯＰのように、人の目をひいて、本を手に取りたくなる紹介文を書くことも、感想文の練習になります。

⑤ ワークシートを利用する

中学年でも紹介しましたが、読書感想文の練習用のワークシート（Ｐ98～104）を利用して質問に答える練習をします。低学年や中学年でワークシートを利用したことのない人はぜひ活用してみてください。印刷してある文と自分の回答をつなぎ合わせることで、感想の書き方に慣れていくでしょう。

読書感想文を書く

① 本を選ぶ

高学年では文字数の少ない本ではなく、できれば二百ページ以上の本を選びましょう。ある程度の文章量がないと、感想はかえって書きにくいからです。物語に限らず、ノンフィクション、科学的なものやスポーツや文化に関するものなど、高学年に読んで欲しい本は数多くあります。高学年にお勧めしたい本のリストも、地域の公共図書館や図書館関係の団体から出されているので、参考にしてください。ただし、選ぶ時には自分が好きな本や、何回でも読みたい本がよいと思います。日頃から本に親しむことで、感想を書きたいと思う本をかんたんに見つけることができるようになるでしょう。

② 友だちや家族と対話をする

同じ本を読んだ友だちと主人公やあらすじについて話し合うことは、感想文を書くための参考になります。ほかの人がどんなことを感じたか、自分とはどのように違う感想なのかを聞くことができるからです。

しかし、本の話ができる友だちが近くにいないこともあるでしょう。そういう時こそ、家族で読書を楽しみましょう。

前述の読書会のところでも紹介しましたが、子どもが読んだ本を大人も読んで、対話する時間をつくりましょう。大人が質問し、子どもが答えるという質問形式の対話が望ましいのですが（Ｐ35参照）、時には子どもからの質問があってもよいでしょう。このような対話をすることで、感想がより深まります。

③ 順序を考える

②の質問に回答したことは、カードや付せんに書いておきます。それを並べ替えて、何を一番に書くかを決めます。（P56参照）

④ 補足しながら清書をする

カードや付せんの並び順が決まったら、説明することばや接続詞などを補いながら下書きをします。その下書きは、自分で読める程度のメモでよいのですが、原稿用紙に書く方が、文字数がはっきりわかります。

文字数は原稿用紙三枚（千二百字）程度にし、構成も満足できるようなものができたところで清書をします。清書をする前に、書き方の注意（P90～92）を参考にしてください。『マチンバ』を読んだ五年生は、話し合ったことをもとに、次のような読書感想文を書いています。

小学校５年生

読んでみよう！

マチンバの魔法

五年　三谷　瑞穂

「お姉ちゃん、まって！」

初めてヒナコから言われた「お姉ちゃん」というよび方に、ミオはとまどったことでしょう。それがマチンバの魔法のように思われたところがすてきです。

「妹なんかいらない！」

とミオは言っていたけれど、本当はヒナコに一度でいいから、「お姉ちゃん」と言われたかったのだと思います。なぜなら、ヒナコがしりもちをついてしまった時、ヒナコの体をささえたのはミオだったからです。おそろしいマチンバから守るために。また、ドキドキしながらヒナコと二人で「ごめんなさい」と頭を下げた後、ミオはヒナコとその場からにげ出しました。いじ悪なお姉さんになることもあるけれど、本当はヒナコをかばうやさしいお姉さんだと思います。魔女のようなマチンバには、ミオとヒナコの気持ちがわかった

20×20

のでしょう。

　ミオたちはマチンバのことを、いじ悪でこわいおばあさんと思っていますが、私はマチンバのうわさは本当なのか疑問に思いました。死体をうめていることや墓石にされるというのは、町の人たちのかん違いではないかと思うのです。マチンバが本当に魔女だったら、ミオたちのためにチョコレートを用意することはないでしょう。マチンバはミオたちが来てくれるのが楽しみだったのだと思います。

　ミオとヒナコは、マチンバが元気になったら、ピンポンとよびりんをおして堂々と遊びに行くと思います。でも、大ちゃんや吉川君、涼子はわかりません。その理由はマチンバが用意したチョコレートを食べたのは、ミオとヒナコだけだったからです。ミオはきっと、「ヒナコと仲よくさせてくれてありがとう。」と思っていることでしょう。そして、いつまでもマチンバにもらった魔法のことを忘れないと思います。

20×20

6 読書感想文　応用編

この章でとりあげた本は、出版社で品切れの本もあります。図書館で探してみてください。

読書感想文は「書く」だけでなく、「読む」ことも大事です。いろいろな人が書いた感想文を読んで、どんな書き方があるか、どんな工夫をしているか、どこがよいと思ったかなどを考えてみましょう。きっと、感想文を書く時のヒントになると思います。

ここでは、**書き出し・なか・終わり**に分けて、参考になる例をあげますが、「このように書けばよい」ということではありません。自分なりの書き方を工夫することが大事です。

書き出し

「書き出し」は、読むことになったきっかけを書くことが多いようですが、次のような始め方もあります。

① 会話文から始める

〈例〉読んだ本『おばあちゃんのヒマワリ』（征矢清／作　大社玲子／絵　あかね書房）

読んでみよう！

「まみちゃん、きょうはおるすばんしてくれる。」とおかあさんに言われると、わたしは、「えっ、またー、いやだなあ。」と言ってしまいます。わたしは、ひとりぼっちがきらいです。ひとりだとあそんでも楽しくないし、どうしていいのかわからないことも多いし、さみしくなってしまいます。
（2年）

この本に出てくるおばあちゃんが一人暮らしなので、さみしい気持ちに共感していることをお母さんとの会話文から書き始めています。

読んでみよう！

② 表紙で感じたことから始める

〈例〉読んだ本『ベルナルさんのぼうし』（いまいあやの／作・絵　ＢＬ出版）

ひょうしのながーい白いぼうしのまどから、とりたちが頭を出しています。とりのビルのようです。すわってコーヒーをのもうとしているみたいですが、カップの中にはとりがはいっています。ふしぎなひょうしの『ベルナルさんのぼうし』はどんなお話なのかなと思いました。（２年）

この本は表紙の絵にインパクトがあります。（Ｐ48参照）このように表紙の絵やデザインから感じたことを、素直に書き始めるのも効果的です。

読んでみよう！

③　不思議に思ったことから始める

〈例〉読んだ本『夕やけ色のトンネルで』（北原宗積／作　石倉欣二／絵　岩崎書店）

「人間の中にも、やさしい人がいるのですね。」

ツトムくんがキツネたちに、こうおれいを言われたとき、わたしは、

「人間はみんなやさしいよ。わたしの友だちもやさしい人ばかりだよ。どうして　そんなふうに言うの。」

と言いたくなりました。でも何回かこの本を読んでいるうちに、そのわけがわかりました。

（２年）

キツネが言ったお礼のことばに疑問をもちましたが、その理由がわかったことを表わしています。読み手が関心をもってくれるようにと、引き付けている書き方です。

読んでみよう！

④ 引用から始める

〈例〉 読んだ本『車いすからこんにちは』（嶋田泰子／作　風川恭子／絵　あかね書房）

「障がいのある人って、かわいそうだと思いますか。」

内海さんの問いかけに、私はドキッとしました。車いすで生活している人は不自由なこともあって、かわいそうだなと思っていたからです。でも、内海さんの考え方や活動の様子を知って、私が思っていたことが違っていたと気づきました。（６年）

本の文章を引用した後に、自分の考えや思いをしっかり表現することで、読み手にも訴えかけるような書き方になります。

⑤ 詩で表現する

〈例〉読んだ本『うさぎのくれたバレエシューズ』（安房直子／作　南塚直子／絵　小峰書店）

読んでみよう！

おどって　おどって
ゆらゆらゆれる花びらになって
ザザーとおしよせるなみの上を
おどって　おどって
小さな花びらが　ふん水の中で
ジャンプしているみたいに
わたしは女の子がうさぎバレエだんといっしょにおどっている時、心の中でこうおうえんしました。
（３年）

主人公に対する気持ちをこのような自作の詩で表現することもできます。本を読みながら、主人公を応援している様子が効果的に表わされています。この感想文では、その詩を「書き出し」にしています。

なか

「なか」は、感想文の中心となる文章で、一番長い部分です。書き方は様々ですが、接続詞などを上手く使って、文の構成、文の流れを円滑にすることが大事です。次のような書き方を参考にして、どんな感想をもったか、対話をふり返りながら書くようにしましょう。

① あらすじをまとめながら感想を入れる

〈例〉読んだ本『ここで土になる』（大西暢夫／著　アリス館）

読んでみよう！

写真の人々は幸せそうに笑っていたが、ダムの建設計画とともに、しだいに人々は村からはなれていった。一人また一人と村

夫婦の生活を紹介し、そこから疑問に感じたことを表現しています。読書感想文ではあらす

人が減っていく中、夫婦は自分たちの生活をもくもくと続ける。なぜ、二人は変えようとしなかったのだろう。そんな疑問で読んでいくと、夫婦がお墓を元の大イチョウの根元に戻す写真、「先祖とともに永遠にすごしてゆく」という文に出会った。その時、僕からその疑問はすっと消えていった。

（5年）

じは簡潔に紹介するようにして、自分の思いや感じたこと、考えたことを書くようにします。

② 登場人物のことばから思ったことを書く

〈例〉読んだ本『きみ、なにがすき？』（はせがわさとみ／作・絵　あかね書房）

読んでみよう！

あなぐまくんは、

「きみ、なにがすき？」

じゃなくて、

「きみ、なにをしたらうれしい？」

と聞きたかったんじゃないかな。（２年）

あなぐまくんのことばから、本当は何が言いたかったのかを考えて、その思いを表現しています。疑問形で書くことで、読み手にも考えさせる表現方法になります。

③ 登場人物の行いを紹介しながら感想を書く

〈例〉読んだ本『空のてっぺん銀色の風』（ひろはたえりこ／作　せきねゆき／絵　小峰書店）

登場人物の行動の紹介はなるべく簡潔にして、思ったこと、感じたことを詳しく書くようにします。

読んでみよう！

先生に頼まれておとめをさがすためにつかさは森に行くが、そこで出会ったのは、森に住んでいたワラビという神だった。ワラビはなんと、おとめをシマフクロウに変えてしまう。ぼくは、日ぼつになるとシマフクロウに変わってしまうおとめの姿を想像して、心苦しくなった。何とかして元の姿に戻してほしいと思いながら読み進めた。（5年）

④　主人公によりそった気持ちを書く

〈例〉読んだ本『海からとどいたプレゼント』（上崎美子／作　笠原美子／絵　岩崎書店）

読んでみよう！

だいとく屋のおじさんから話を聞いたり、あきおに案内されて緑がじょうへ行ったりした時は、ちよのさんが住んでいるといいなと思った。でも、そこにはちよのさんがいないと分かったしゅんかん、わたしものぞみと同じように谷ぞこへつき落とされたようなざんねんさを感じた。（４年）

主人公の思いに共感しながら読み進めている様子を素直に記しています。「谷ぞこへつき落とされたような」と比喩を使っていることで、どのくらい残念だったのかが伝わってきます。

⑤　自分の考えがどう変わったかを書く

〈例〉読んだ本『ヒーローじゃなくたって』（塩野米松／作　しもゆきこ／絵　学研プラス）

読んでみよう！

長い入院生活をしている翔太は、ぼく達がふつうにしていることができない。翔太のつらさが、ぼくはよく理解できなかった。練習なんてつまらない、選手に選ばれないと悔しい、ゴールが決められなくてがっかりした。そんな健一の話を翔太はしっかり聞いてくれた。

いつも自分のことしか考えていなかったぼくは、はっとした。そして、同時にほっとするような気分になった。思いきり自分を出した試合ができれば、負けてもいいのかも。そんな思いがムクムクとわいた。そこには、ふつうってすばらしいことなんだと思える自分がいた。（6年）

「試合には勝ちたい」「ヒーローでなければカッコわるい」という気持ちが、「ふつうもすばらしい」という思いに変わっていった様子を表しています。自分の変容の根拠を明らかにしていく表現方法です。

終わり

「終わり」は、考えたことのまとめやこれから実行したいことなどを書く結論となります。終わりの書き方を考えてみましょう。

① 登場人物に呼びかけるように書く

〈例〉読んだ本『きみ、なにがすき?』(はせがわさとみ/作・絵 あかね書房)

読んでみよう!

あなぐまくん、人によろこんでもらうとうれしいし、元気になるよね。わたしはからだがポカポカして、くすぐったい気もちになりました。だから、あなぐまくんもいい気もちになったのですね。(2年)

あなぐま君に同意しつつ、どう思うかを確かめる表現をしています。親近感がわく書き方です。

② 感じたことをそのまま素直に書く

〈例〉読んだ本『夕やけ色のトンネルで』（北原宗積／作　石倉欣二／絵　岩崎書店）

読んでみよう！

もしわたしのいえのちかくにヘビににた人がきたらと思うと、ドキリとします。でもどんなどうぶつにも、もっとたいせつにしてあげる気もちをもたなければいけないなと思いました。（2年）

堅苦しい模範的な終わり方ではなく、自分の気持ちを素直に表現しています。子どもなりにお話に関連付けた発想をそのまま書くことは、読み手をほんわかした気分にさせます。

読んでみよう！

③ もしかしたら……を書く

〈例〉読んだ本『サッコがいく』（泉啓子／作　垂石真子／絵　童心社）

もしかしたらぼくのクラスの中にもサッコやユキちゃんがいるかもしれない。そう考えると、お母さんから言われたこともわかる。そうだ、ぼくももっともっとクラスの人と話をしてみよう。そして、ますますなかよしのクラスにしていきたい。

（４年）

本に書いてあることと現実が似ていることもあるでしょう。この場合はその現象を「もしかしたら」という書き出しで、素直な思いを表現しています。

④ 教えてもらったことをまとめる

〈例〉読んだ本『車いすからこんにちは』（嶋田泰子／作　風川恭子／絵　あかね書房）

読んでみよう！

色々な個性があって、お互いを必要とする世界。協力し、助け合って創り出す世界。内海さんの生き方から、そういう世界を私たちが求めているのだということを改めて教えてもらったように思う。（6年）

「教えてもらったこと」を端的にまとめた書き方です。「これからは○○のようにしたいです。」と実行がむずかしいことを宣言するより、「○○について教えてもらった」とか「○○について学びました」のように、ありのままを表現する方がよいでしょう。

7 読書感想文を書くための留意点

表記上の注意

読書感想文を原稿用紙に清書する時の書き方は、学校や自治体によって違うことがあります。通学している学校や各自治体の書き方を優先してください。基本的に、原稿用紙は一マスに一文字ずつ入れて書きます。また、句点（。）や読点（、）やカギカッコ（「」）も一マスに一つとして書きます。例外もありますので、主な注意点をあげておきましょう。

タイトルは上から二文字か三文字あけて、書きます。

○○○できないことはないよ

一ねん　いわた○なおや○

　とんびにつかまったとき、とかげのあたま
は「ねぼけまなこ」でした。

苗字と名前の間と、一番下のマスはあけるようにします。

自分や人が言った会話として「　」に入れた文章は、改行をして独立させます。

会話文の二行目からは一文字下げて書くようにします。

「ねぼけまなこっていうのは、あたまがぼん
　やりとしていることだよ。」
と、おしえてくれました。
そんなあたまは、しっぽをきってにげてし
す。しっぽはとってもかなしかったで
。

★思ったことでも「　」を付けて書くことがあります。

段落をつける場合は、一マス下げて書き始めます。

と、おしえてくれました。
　そんなあたまは、しっぽをきってにげてし
まいます。しっぽはとってもかなしかったで
しょう。

★段落は内容が変わる時につけます。

とんびに、潰されそうで、こわされそうで
ぼくは、すぐに、たすけてあげたかったです。

読点（、）がやたらと多い場合があります。一行に三個以上付かないようにしましょう。
※並列など特別の場合は除きます。

※「並列」とは、「のんびりした人、頑張りやの人、恥ずかしがりやの人」というように、２つ以上のものを並べていることです。

未習の漢字は基本的には使いません。しかし、文中の名前など特別の場合は使用してもよいでしょう。

★既習の漢字はしっかり使うようにします。高学年でひらがなが多い場合、作品が幼く感じられるでしょう。

最後に、送りがなや漢字が間違っていないか、よく確認しましょう。
字の上手・下手は問いませんが、ゆっくりとていねいに書くようにしましょう。

行の一番下に読点（、）や句点（。）括弧が付く場合は、一番下のマスの中に入れます。または、最後のマスの下に書いてもよいでしょう。

うで、
です。

これでもOK

語彙をふやす

P53では、文末の表現を変化させることで、読み手を引き付ける書き方を紹介しました。ほかにも感情を表す言い方はたくさんあります。

うれしい気持ちを表す

- 楽しかったです。
- おもしろかったです。
- うきうきしました。
- 心がはずむようでした。
- 夢のようなできごとでした。
- 思わず胸が高なりました。
- 有頂天になりました。
- 飛びあがってよろこびました。

いやな気持ちを表す

- つまらなかったです。
- もうこりごりです。
- くやしい気持ちになりました。
- つらくてくじけそうでした。
- むしゃくしゃしました。
- うんざりしました。
- たいくつでした。
- はらがたちました。

不安な気持ちを表す

・心配です。
・胸さわぎがします。
・心がもやもやしています。
・気がかりです。
・気がめいりました。
・びくっとしました。
・なんだかこわくなりました。

不思議な気持ちを表す

・なぞめいています。
・わけがわからなくなりました。
・首をかしげました。
・めずらしいことです。
・疑問に思いました。
・理解ができませんでした。
・どういうわけなのでしょう。

語彙が少ないと、物事をうまく説明できなかったり、自分の気持ちを思うように伝えられなかったりします。いろいろな本を読んだり、映画を見たり、たくさんの人と話すという経験や体験が語彙をふやします。また、自分が知らないことばに出会った時は、辞書で調べる習慣をつけることも大切です。

読書感想文コンクール

読書感想文はコンクールをめざして書くものではありませんが、書くことが楽しくなったお子さんが挑戦したくなることもありますので、参考までにコンクールについて紹介します。

「読書感想文コンクール」は、新聞社、出版社、作家、企業が主催するコンクールだけでなく、自治体や様々な団体が主催するものもあります。日本で一番参加作品が多い「※青少年読書感想文全国コンクール」は、毎日新聞社と全国学校図書館協議会が主催していて、毎年四百万人規模の応募数があります。コンクールは校内審査、地区審査、都道府県審査を経て、全国審査となります。募集にあたる対象図書は、自由図書と課題図書に分かれています。また、小学校は低学年・中学年・高学年に分かれていて、課題図書はその学年ごとに各四冊ずつあり（合計十二冊）、中学校、高校も各三冊あります。

コンクールの審査の観点は様々ですが、作品を十分に読み込んでいるか、作品から受けた感動・発見・喜びなど読み手の心が表現されているか、本の選択に無理はないか……などがあげられます。

青少年読書感想文全国コンクール
http://www.dokusyokansoubun.jp/

8 ワークシートと参考作品

次ページからは、読書感想文の練習用ワークシートと参考作品を掲載します。ワークシートはＡ４サイズもしくはＢ４サイズに拡大コピーをしてご利用ください。

参考作品については、読書感想文全文とその作品についてのコメントを入れていますので、〈６　読書感想文 応用編〉と照らし合わせて参考にしてください。

かんそうぶんをかこう『ワニぼうのこいのぼり』

ねん　くみ　なまえ（　　　　　　　　　　　　　　）

①ワニのぼりをした　おとうさんは、

だとおもいます。

②おとうさんが、「（ワニのぼりを）すれば」といったので、ぼく（わたし）は、

おもいました。

③おかあさんのおもしろいところは、

です。

④でてきたどうぶつをひとつえらぶとしたら、

です。

なぜかというと、

だからです。

⑤こんなたのしいワニなら、

とおもいます。

かんそうぶんをかこう『しゅくだい』

ねん　くみ　なまえ（　　　　　　　　　　）

①しゅくだいが「だっこ」だったら、

とおもいます。

②いえに　かえる　もぐくんは、

そうでした。

③おかあさんに

「いま、あかちゃんが　ねむったところなの。」といわれて、もぐくんは

とおもったでしょう。

④ゆうはんのとき、おとうさんに

「しゅくだいは　おわったのかい？」といわれた　もぐくんは、

という　きもち　だったでしょう。

⑤おかあさんや　おとうさんに　だっこしてもらって、もぐくんは

と　おもったでしょう。

⑥もぐくんに、

と　いいたいです。

かんそうぶんをかこう『ねずみのでんしゃ』

ねん　くみ　なまえ（　　　　　　　）

①ななつごたちが ちゅうがっこうにいくので、おかあさんは、がっこうのよういをしてくれました。

（ぼくは・わたしは）（ぼうし・かばん・くつ）がいいなあとおもいました。

②ななつごたちが、「とおいから　いや」などと　いったので、おかあさんは、こまってしまいました。きっと　おかあさんは、

と　おもったことでしょう。

③けいとのせんろが　できたとき、

と　おもいました。

④でんしゃごっこをしている　ねずみたちは、

そうに　みえました。

⑤おかあさんや　ねずみたちが　きゅうブレーキをかけたので、

と　おもいました。

⑥ながい　ねずみのでんしゃは、

と　おもいます。

⑦ねずみの　おかあさんは、

と　おもいました。

ねずみのでんしゃは　だいせいこうだったと　おもいます。

かんそうぶんをかこう『くれよんのくろくん』

ねん　くみ　なまえ（　　　　）

①ぼくが（わたしが）すきないろは、
［　　　　］です。

②くれよんたちの　えが　めちゃくちゃに　なってしまったとき、
［　　　　］とおもいました。

③くろくんが　がようしを　まっくろに　してしまったときは、
［　　　　］とおもいました。

④でも、きれいな　はなびの　えに　なったので、
［　　　　］とおもいました。

⑤このほんを　よんで、ぼくは　くろくんに
［　　　　］といいたいです。

かんそうぶんをかこう『ぼくだってトカゲ』

ねん　くみ　なまえ（　　　　　　　　　　）

①とんびに　つかまってしまった　しっぽをみて、

（　　　　　　　　　　）とおもいました。

②とんびに　ぐるぐるぶりまわされる　しっぽは、

（　　　　　　　　　　）でしょう。

③じりじりと　たいようが　てりつけたので、わたしは（ぼくは）しっぽが

（　　　　　　　　　　）になりました。

④かなぶんのおじさんと　うたったとき、しっぽは、

（　　　　　　　　　　）とおもっていたでしょう。

⑤もとの　とかげになった　しっぽに

（　　　　　　　　　　）といいたいです。

かんそうぶんをかこう『ベルナルさんのぼうし』

年　　組　名前（　　　　　　　　　　　　）

①はじめ、ベルナルさんはひとりぼっちで、

［　　　　　　　　　　　　］と思いました。

②とつぜん、キツツキがベルナルさんのぼうしにあなをあけはじめたので、

［　　　　　　　　　　　　］と思いました。

③ベルナルさんが「だめだめ、やめてくれ！」と言ってもあなを作ってしまうので、ベルナルさんは

［　　　　　　　　　　　　］でしょう。

④わたしは（ぼくは）、ぼうしがどんどん高くなっていくので、

［　　　　　　　　　　　　］と思いました。

⑤小鳥たちと海をながめているベルナルさんは

［　　　　　　　　　　　　］見えました。

⑥だから、ぼうしがからになったとき、ベルナルさんは、

［　　　　　　　　　　　　］と思います。

⑦きっとベルナルさんは、いっしょうけんめいおきていて、

［　　　　　　　　　　　　］でしょう。

⑧わたしは（ぼくは）、ベルナルさんに

［　　　　　　　　　　　　］言いたいです。

かんそうぶんをかこう『青い花』

年　　組　名前（　　　　　　　　　　）

①かさ屋は＿＿＿＿＿＿人だと思います。
なぜかというと＿＿＿＿＿＿からです。

②「おおいそぎで、なおしてくださいね。」と言われて、かさ屋は、
＿＿＿＿＿＿と思います。

③また、せっせとためたお金で、ねだんの高いきれを買ったかさ屋は、
＿＿＿＿＿＿と思ったでしょう。

④作ったかさをひらいて、二人がふしぎな気もちになるのは
＿＿＿＿＿＿からだと思います。

⑤たくさんのお客からのちゅうもんで、
ねるひまもなくなったかさ屋は、
＿＿＿＿＿＿でしょう。

⑥かさ屋が「しゅうぜんはおことわり」というかんばんを出したのは、
＿＿＿＿＿＿からだと思います。

⑦でも、だれもお客がこなくなって、かさ屋は
＿＿＿＿＿＿と思ったでしょう。

⑧「あしたの朝とどけるよ。」と女の子にやくそくしたかさ屋は、
＿＿＿＿＿＿と思います。

⑨これからもアジサイの花は、
＿＿＿＿＿＿ことでしょう。

読んだ本『しゅくだい』
宗正美子／原案　いもとようこ／文・絵　岩崎書店

小学校１年生

読んでみよう！

だっこはげんきのもと

一ねん　やまうち　ゆうと

（ア）「しゅくだいがだっこ！いいなあ。」
とおもいました。もぐくんは、がっこうでは
「やだー。」
といっていました。でも、いえにかえるとき
は、（イ）はやくだっこされたくて、うきうきして
いるみたいでした。

おかあさんに、
「いま、あかちゃんがねむったところなの。」
といわれて、もぐくんはがっかりしたとおも
います。おかあさんにしゅくだいのことをい
えなくて、もぐくんがかわいそうでした。（ウ）ほ
んとうは、すぐにだっこしてほしかったとお
もいます。

ゆうはんのとき、おとうさんがしゅくだい
のことをきいてくれたので、おかあさんがだ
っこをしてくれました。ぼくはもぐくんに、
「よかったね、しゅくだいができるね。」
と、こころのなかでいいました。（エ）おかあさん

20×20

ア　思ったことをストレートに表しています。

イ　主人公の気持ちをしっかり書いています。

ウ　主人公の気持ちをよく考えています。

のだっこは、うたがとってもきもちよかったとおもいます。

エ おとうさんのだっこは、いたそうでした。でも、もぐくんは、うれしかったとおもいます。

エ おばあちゃんのだっこは、あたたかそうでした。もぐくんは、

「おばあちゃん、またdaっこしてね。」

と、いったとおもいます。

しゅくだいをやったつぎのひは、みんなとてもげんきでした。もぐくんも、おおきなこえで、

「はーい。」

と、てをあげていました。ぼくは、

「だっこはげんきのもとだね、もぐくん。」

といいたくなりました。オ すずきせんせいにも、げんきになるしゅくだいをおねがいしたいなあ。

20×20

エ 三人のだっこを比較して、その特徴をあきらかにしています。

オ 自分の担任の先生にお願いしたいことをストレートに表しています。

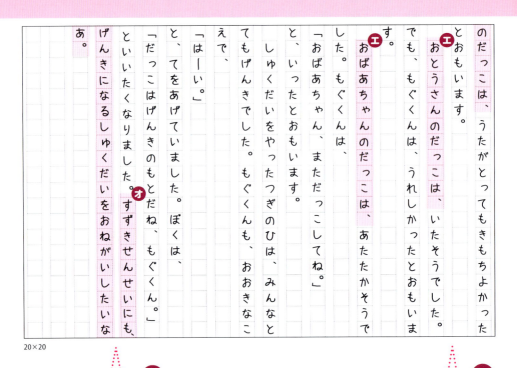

読んだ本『海中大探検！　しんかい6500で行く、深海への旅』
井上ようこ／作　木下真一郎／絵
海洋研究開発機構／監修　岩崎書店

読んでみよう！

小学校２年生

ぼくのしん海ぎょ大たんけん

二年　森本　はるき

ダイオウイカとマッコウクジラがたたかっているみたいなひょう紙。キバがすごい魚、頭がもにゃもにゃしている魚は、なんというのかな。ぼくは本のおびに書いてある「しゅっぱ～つ！」に合わせて、本をひらいた。

しん海六千五百のコックピットが丸いことにびっくりした。しん海がつぶされないようにだって。海の中は水あつがすごいらしい。カップめんもばくはつしそうだなと思った。

光がとどく「ひょうそう」はきれいだ。魚も光っているみたい。しょくぶつプランクトンがどうぶつプランクトンにたべられて、それが魚にたべられる。でも、魚のフンがバクテリアにたべられると、それをしょくぶつプランクトンがたべる。なん時間もなん年も、これがくりかえされて海の生きものが生きているんだな。

ひょう紙の魚は、ミツマタヤルウオだった。

20×20

ア　表紙の絵や本の帯から感じたこと、思ったことを書き始めるのも効果的です。

イ　身近な物を引きあいに出すとわかりやすくなります。

ウ　くり返されていることを具体的にあげた後に、自分が考えたことを表しています。

エ　「書き出し」で表紙の絵について書いた答えが説明されています。

かまれたらゆびがちぎれてしまいそうだ。もう一ぴきはデメニギス。のうみそがきかいでうめられているみたいだ。目がでかいのは、光をちゃんとつかむためらしい。

くらい海の中にもっともぐると、リュウグウノツカイが出てきた。名前は知っているけれど、見たことはない。でも、たべたことがあるサクラエビやギンダラも、しん海の魚なんだって。どうやってつかまえるのかなあ。

ダイオウイカの十八メートルを、ひもでしらべてみたら、ぼくのいえの三つぶんくらいの長さだとわかって、すごいと思った。だからマッコウクジラともたたかえるんだな。この本で、目が大きい魚やうきぶくろをもたない魚のりゆうがわかったけれど、これからはもっとちがう魚のことがわかるかもしれない。

オ
しん海六千五百にのることができたら、ぼくも新しい魚をみつけてみたい。ただ、クジラのほねをすみかにしているコシオリエビが、ぼくの一ばんのお気に入りだけど。

20×20

オ

「終わり」に、本と同じような体験をしたいという思いが書かれています。それに続いてお気に入りの魚のことを書くことで、子どもらしい気持ちが表現されています。

読んだ本『さっちゃんのまほうのて』
たばたせいいち／絵
先天性四肢障害児父母の会・のべあきこ・しざわさよこ／作　偕成社

小学校3年生

読んでみよう！

まほうの手のふしぎなパワー

三年　平山　りの

ア「お母さんの大すきなさちこのかわいいかわいい手なんだから……。」

お母さんはとてもつらい気持ちで、さっちゃんにこう言ったことでしょう。でも、さっちゃんは、

「いやだ、いやだ、こんな手いやだ。」

イとなみだをながして言いました。お母さんの目からもなみだがあふれていました。

ウ生まれつき五本の指がないさっちゃんは、いつもままごと遊びでお母さん役になりたくで、お友だちのまりちゃんとけんかをしてしまいます。その時、まりちゃんから「手のないお母さんなんてへんだもん。」といじわるをされました。さっちゃんは、そのくやしさとかなしさをお母さんにぶつけてしまうのです。

私はこのようすを読んで、さっちゃんと同じ病気を持っている友だちの男の子のことを考えました。私がその子にあったのは、よう

20×20

ア　印象に残ったことばから始めているので、ぐっと引き付けるものがあります。

イ　「なみだ」を通して主人公とお母さんの気持ちを察している様子がうかがえます。

ウ　内容をコンパクトに紹介して、お母さんに反発する理由がわかるようにしています。

ち園の時です。私はお母さんに、

「あの子、どうして手がないの？」

と聞いたことがあります。するとお母さんは、

「お母さんのおなかの中にわすれ物をしちゃったのよ。」

と言いました。私はやさしいこの男の子とも、ほかのお友だちともいっしょによく遊びました。エ そのことを思い出し、さっちゃんも友だちの男の子も、私もみんな同じ人間なのにと思いました。

　さっちゃんがお父さんに、

「指がなくてもお母さんになれるかな。」

と聞くと、お父さんは、

「なあんだ、さちこはそんなことをしんぱいしてたのか。なれるとも、さちこはすてきなお母さんになれるぞ。」

と、さっちゃんの手を大きくふって言いました。そして、

「それにね、オ こうしてさちこと手をつないで歩いていると、とってもふしぎな力がさち

20×20

エ 体験から自分の思いを引き出しています。

オ 「ふしぎな力」というお父さんのことばを「まほうの手」につなげています。

この手からやってきて、お父さんの体いっぱいになるんだ。」

と言ったのです。カ私は、そうだ、さっちゃんの手は、まわりの人をゆう気づける「まほうの手」なんだと思いました。

「あしたはようち園に行くんだ。ジャングルジムにだってのぼりたい！」

と思うようになったさっちゃん。キひょう紙のさっちゃんのなみだは、あしたからはすっかりきえることでしょう。クなぜかと言うと、さっちゃんが自分の気持ちにかって強くなったように思えるからです。

いじめのものだいをテレビでよく見ます。

お母さんは、

「自分がされていやなことは、お友だちには
ぜったいしないように。」

と言います。さっちゃんの気持ちを思うと、私はいじわるなことをしません。ケだれにでもやさしくするふしぎなパワーを、さっちゃんの「まほうの手」からもらったからです。

20×20

カ お父さんのことばから感じたことを「まほうの手」という本のタイトルにもつかわれていることばで表しています。

キ 表紙にも注目して読んだことがわかります。

ク 思ったことの理由をわかりやすく書いています。

ケ 自分の決意の理由を表明し、それを感想文の題名に関連付けています。

読んだ本『最後のオオカミ』
マイケル・モーバーゴ／作　黒須高嶺／絵
はらるい／訳　文研出版

小学校３年生

読んでみよう！

乗りこえた苦しみ

三年　古賀　真一

「今こうしてぼくが生きていられるのは、君のお母さんが死んだからなんだ。本当にごめんね。」

チャーリーのお母さんに助けられたと思ったロビーは、チャーリーをだいじにしたいと思ったことでしょう。ア チャーリーと出会って、ロビーの苦しさやさみしさはちょっとへったように思いました。

ロビーに毛をかられるのは、オオカミじゃなくなってしまうようで、チャーリーはいやだったのでしょう。でも、ロビーの気もちがわかったのか、オオカミなのにおとなしくなったのがえらいなと思いました。

イ あらしが近づいていることを教えるために遠ぼえをしたチャーリー。それから五日間もはげしい波がつづいたのに、「悪魔の犬」などとよばれてしまい、本当にかわいそうでした。そんなとき、マッキノン船長が、

20×20

ア この本から感じたことをコンパクトにまとめています。

イ チャーリーの行動を簡単に紹介し、そこから「かわいそう」と感じたことを表現しています。

「チャーリーは我々人間と同じ、神の創造物です。」

と言ってくれました。ぼくは、マッキノン船長は、人や動物の気もちがわかるえらい人だなと思いました。ロビーがむすこのアランにのこしたゆい言に、ウ「一、マッキノン船長からゆずられた銃一丁」とあったのは、船長に助けられたことを、ずっとわすれていなかったからだと思います。

　食べるものもなく、ぬすみやものごいをするロビーの生活を考えると、本当にかわいそうです。人間のげんかいを何度もあじわったロビー。ぼくにはそうぞうできない世かいを生きていました。そして、チャーリーもいっしょに苦しい時間をすごしました。エ二人にとって「生きること」がどんなに大へんだったことか。それを乗りこえた二人は、本当にすごいとしか言えません。

　アメリカにたどりついて、チャーリーのようすがちがうことに気がついたロビー。チャ

20×20

ウ 船長とロビーとの関わりにもふれています。主な登場人物の関係を想像しながら描いています。

エ 「生きること」の大変さを述べ、それを「乗りこえたロビーとチャーリー」に感動している様子がうかがえます。文中の「二人」とは主人公のロビー（人間）とオオカミのチャーリーですが、感想文では登場した動物を人と同じように扱ってもよいでしょう。

ーリーはせい長して、自分でえさをとって野
生にもどろうとしていたのです。チャーリー
だって、ロビーとの生活をやめたくなかった
と思います。ロビーもさみしかったけれど、
チャーリーも苦しかったと思います。ずっと
いっしょだったチャーリーをうしなうことは、
しかたがないのかなと思いました。さみしい
わかれもありましたが、二人ともりっぱな大
人になって、子どもたちとすごしたり、のう
場を持ったりして、すばらしいと思います。
スコットランドの（オ）「最後のオオカミ」は、ア
メリカにわたっていのちをつないでいました。
ニホンオオカミはぜつめつしたと言われてい
ますが、もしかしたらチャーリーのように、
世かいのどこかで生きているかもしれないと
思いたくなりました。
（カ）ロビーとチャーリー。二人の乗りこえた苦
しみを知って、そのすごさにおどろきました。
そして、生きる強さやたくましさもいっぱい
教えてもらいました。

20×20

オ 「最後のオオカミ」が命をつないでいたことから、他の動物もどうなのか、関心を広げています。

カ 本を読んで学んだことを、「教えてもらったこと」としてまとめています。「〇〇について学びました」のように、ありのままを表現すると読み手への好感度はアップするようです。

読んだ本『青い花』
安房直子／作　南塚直子／絵　岩崎書店

小学校4年生

読んでみよう！

取りもどしたまごころ

四年　菊地　美咲

ア 「ぼくが新しいかさを作ってあげよう。」

女の子にそう言ってかさを作ってくれたかさ屋は、本当にやさしいと思いました。かさ屋は、朝からせっせとかさをしゅうぜんしてためたお金でカーテンやギターを買おうとしていました。それなのに、そのお金で女の子のかさを作るために高いきれを買ったのです。女の子もとてもうれしかったことでしょう。

二人で「青い屋根の中にいるみたい」と想像しながらかさを楽しんでいる様子は、私の心をなごませてくれました。小さな家かもしれませんが、イ かさ屋のまごころが女の子に伝わり、幸せな気持ちになったと思います。

でも、あまりの忙しさにかさ屋は、かさをしゅうぜんすることをやめてしまいます。私はものを大切にする気持ちをわすれてもよいのかと気になりました。

ウ 「物にはたましいがある。」

20×20

ア 登場人物のことばを引用して、かさ屋のイメージを描いています。

イ なぜ幸せな気持ちになったと思うのか、その理由がわかります。

と聞いたことがあります。こわれた物を直して使いたいと思う人もいるし、直して使えない物はすてると考える人もいます。私も物はそまつにしたくないと思います。

新聞に「レモン色のかさをさしましょう」というこうこくがのったのは、**エ**しゅうぜんを喜んでしていたかさ屋の気持ちを取りもどしたかった女の子のしわざかもしれません。

いそがしさで大切なことに気づかない。思い通りになっていることにまんぞくしてしまう。**オ**かさ屋だけでなく、だれにでもこういう経験はあるように思います。私もゲームにむちゅうになってしまい、やらなければならないことを後回しにしたり、家族の約束を守らなかったりすることがあります。

かさ屋は注文がこなくなって気づきました。小さな女の子のことに。しゅうぜんする大切さに。そして

「あしたまでにできる？」

という女の子に

20×20

ウ 自分の知っていることと関連付けて、自分の気持ちを表わしています。

エ 「～かもしれない」「もしかしたら～」などと、想像したことを表現するのもよいでしょう。

オ 登場人物と同じような経験について感じることを書いています。

「あしたの朝とどけるよ。」

とやくそくして、せっせとしゅうぜんをします。かさ屋はしゅうぜんの大切さをわすれてしまったこと、心のこもっていないかさを作ってしまったことを、きっとこうかいしていたのだと思います。カだから、ていねいにていねいに心をこめてしゅうぜんしたのでしょう。

　かさ屋の気持ちは、アジサイの花を通して女の子に届いたと思います。キそれは「物」ではなく、「心」だからです。大切なまごころを取りもどしたかさ屋を、女の子はそっと見守っていることでしょう。

　これからもアジサイの花は、毎年美しい青色にかがやき、ずっとかさ屋の仕事ぶりをおうえんしてくれると思います。ク私の心にも、いつも青い花をさかせたいと思います。

20×20

カ　かさ屋が後悔しただろうと想像した理由に結び付けています。

キ　「物」と「心」にふれ、感想のテーマに迫っています。

ク　自分の気持ちをまとめた終わり方にしています。

読んだ本『アホウドリと大あほうどり先生』
長谷川 博／文・写真　学研プラス

小学校５年生

読んでみよう！

大あほうどり先生から学んだこと

五年　松岡　結花

ア 人間のわなにかかって死んでいくアホウドリ、口からテグスをぶらさげて飛んでいるアホウドリなんて、とてもかわいそうです。また、目先の自分の利益だけを考えたために、アホウドリを絶滅の危機に追いこみ、何千羽もの鳥の命をぎせいにした人間は、許したくありません。

アホウドリはどこにでもいる鳥だと思っていた私は、大あほうどり先生にアホウドリの歴史や現状を教えてもらい、初めて知る事実に驚いたり、感心したりしたことがたくさんありました。

イ 特に感心したのは、鳥島という無人の火山島へ、先生は何十回と足を運び、アホウドリの生活の様子やその数、産卵と巣立ちの様子などを記録し、少しでもアホウドリについて知ろうとしていることです。鳥島へ行くには八丈島からでも一日近くかかるそうです。島

20×20

ア 強く感じたことや、意見をはっきり表明して、次の文章につなげています。自分の考えや思いをしっかり表現することで読み手の気持ちを捉える効果があります。

は火山砂でおおわれ、木もなく、船が近づける岸もありません。そんな島へ先生はひどい船よいを覚悟して、毎年出かけて行くのです。アホウドリに会うために。私は先生の鳥好きに加えて、一つ一つ苦労を乗りこえてアホウドリをふやそうとする気持ちにとっても感動しました。

　そして、そんな先生の努力を知り、植物をむやみに取ったりしないことが自然保護だと思っていた私でしたが、（ウ）本当は「自然を知る」ことが自然保護の第一歩ではないだろうか」と思うようになりました。

　今年の春、私の家では鳥のひなを育てました。かわいいひなを見て、温度の調節やえさなど家族みんなで心配しました。でも、全部が元気には育ちませんでした。（エ）しっかり見守っていても、むずかしいことがよくわかりました。

　自然界では、それ以上にのりこえなければいけないしょうがいがあることでしょう。ア

20×20

イ ほかの人にはまねできないような大あほうどり先生の行動を紹介して、先生の気持ちを想像しています。また、それに自分が感動したことを表しています。

ウ 本を読んだことで、自分の考えの変化を述べています。

エ 体験を簡単に紹介しながら、動物を育てることのむずかしさにふれています。

ホウドリは卵を一つしか産まず、七か月もかかってひなを育てます。安心して子孫をふやせるように、私たちが力をかさなければなりません。アホウドリのことを知り、川や海をよごさず、鳥たちの住みよい環境づくりに力をかすことが大切だと思いました。

オ 長谷川先生、大きなアホウドリが広い空をゆうゆうと飛ぶすがたは、はく力満点のことでしょうね。天の川をつくる星のように、無数のアホウドリが、鳥島の空ばかりでなく、日本の空をはばたくのを私も見たいです。

　私は日本には昔、そういう自然があったことを知っています。わすれてはならないことだと思います。

カ この本を読んで、これからも動植物のことを積極的に調べ、いろいろなことを知り、おたがいに助け合いながら生きていきたいと思いました。

20×20

オ 登場人物に話しかける書き方で、共感したことを表しています。

カ 本を読んで、何を思ったかをまとめています。

読んだ本『山のいのち』
立松和平／作　伊勢英子／絵　ポプラ社

小学校6年生

読んでみよう！

自然の中で生きる

六年　相川　加奈子

ア 山のいのち——それは、川、木、岩、土、動物、植物すべての命で構成されている。自然とは美しいものだ、すばらしいものだとただ表面だけを見ていた私にとって、静一と共に「自然とは何か、自然の本当の姿とは」と真剣に考えさせてくれたのが『山のいのち』だった。

イ「したたるほどの緑におぼれそうだった。こい緑が波しぶきになって窓のそとをながれていく」という情景からは、あふれるばかりの自然とすみきった空気がつーんと私の心の中にうかんできた。静一も初めて出会う自然に驚きをもって見ていたことだろう。しかし、コンクリートの世界に生きてきた静一にとって、この緑の深さは迫力があり過ぎて今にも静一の方が負けてしまうように思えたに違いない。そして、ウ父のいないこれからの静一の生活がどうなっていくのか不安でたまらなか

20×20

ア 「書き出し」で、本の感想をダイレクトに書いているので、読み手の関心を高めます。

イ 本文を引用することで、どのような感じで伝わってきたかをわかりやすく表現しています。本文の引用部分は「　」に入れるとわかりやすいでしょう。

ウ 主人公の状況をコンパクトに説明し、その気持ちにふれています。

ったと思う。

祖父と静一だけの世界が始まり、スイカを

「いくらでも食べなさい。」

と言う祖父。精一杯のごちそうをしようとし、一途に静一を大事に思っている祖父の愛にしだいに気づいていく静一がいるように思えた。

だから森に入った時、静一には初めてのような恐怖や不安が見られない。エ水が岩をかみ、音を立ててながれ、その地響きが足の裏から伝わってきたのも、静一が自然の息づかいに感動し、自然に親しみを感じ始めていたからだと思う。

それにしても祖父が、

「生きているものは悲しいなあ。」

と静一に語りかけている言葉には、はっとさせられた。オ祖父自身もイタチを殺すことに心のどこかで怖がっているように思えた。そして、祖父自身がイタチに重なり、自分の「生」が短いことを悲しいと言っているようにも思えた。ちっちゃい魂を一緒に見て、本当に魚

20×20

エ 自然の様子、背景の描写を本文から上手にひろいあげています。

オ 主人公の静一だけでなく、祖父にも視点を当てています。

や虫の魂かもしれないと思った静一は、すっかり祖父に打ちとけている。
カ「死を怖れているだろう。」
と言った祖父と、思わず
「かわいそうだね。」
とつぶやく静一。祖父と同じ気持ちでイタチを見つめていた時、静一は心を開いた。そっとイタチに手を差しのべて、その手で包んでやりたかったのかもしれない。

　イタチの体にナイフを入れ、祖父は静一の耳元で自然のきびしさを説く。考えてみれば、自然は薄情だ。弱肉強食の世界。キ風雨による洪水、土砂くずれ。寒暖による生物への影響。その中で植物も動物も生きているのだから。それを静一に教えるク祖父は、生きることに強さを備えてきた人でもあると思う。

　本当の死を目前で見た静一は、ヤマベを取る竹ざおを持ちながらイタチと同じ気持ちになった。私も静一のようにイタチの死を通して自然の心に近づいていけるような気がした。

20×20

カ 登場人物の交流を会話文で表現するのも効果的です。

キ 具体的な例をたたみかけるように表しています。

ク 祖父に対する自分の考えをはっきり表現しています。

おわりに

　この本を読み終えて、「読書感想文ってこのように書けばいいの？」「昔、学んだことと違うように思うけれど……」と思われた方もいらっしゃるでしょう。私の著書『調べる力がぐんぐん身につく　藤田式「調べる学習」指導法』（小学校編・中学校編）は、多くの子どもたちに「調べる体験をして欲しい」と思いながら書きました。同様に、「読書感想文を書くことができる体験もして欲しい」と思っています。調べる学習も読書感想文を書くことも、子どもたちは学校で学習しています。ただ、「やらされている」という感じをもちながら取り組んではいないでしょうか？　学習なので強制的なこともあるでしょう。しかし、できるならば子どもが自主的、主体的になって取り組んで欲しいのです。

　この本では、読書感想文を書くにあたって大人が子どもとどう向き合えるか、どんなアドバイスができるかを提案しました。私が読書感想文を低学年の時から取り組んで欲しいと思うのは、宿題だからという理由ではなく、感想文を書くことに慣れて欲しいからです。運動が得意な子、歌が上手な子、字が形よく書ける子など、子どもたちにはそれぞれ個性があります。生まれもった才能ももちろんあるでしょうが、その多くは「それが好きであること」と、本人の努力や練習の積み重ねで育っていくのではないでしょうか。文を書くのも同じで、書くことのくり返しで「慣れる」体験が重要です。もちろんそれだけで文章が上手になるかどうかはわかりません。指導方法や本人の努力でも違ってくるでしょう。

私が担当させていただいている「夏休み宿題応援講座・読書感想文を楽しもう」という講座には、意欲的で熱心なたくさんの親子の皆様が参加してくださいます。時には、祖父母の方がお孫さんと一緒に感想文に取り組んでくださるような、ほほえましい光景をみることもあります。

この講座で、お子さんの反応にちょっとまごつかれるのは親御さんです。さらに、どんなことを質問しようかと悩まれるのも親御さんです。そんな時、私から簡単な質問をして答えてくれたお子さんに「なるほど、よい感想が出てきたね！」などとことばかけをすると、それが親御さんにはヒントとなるようで、悩みながらも質問が進みます。質問ごっこを楽しむことで思わぬ発見もあるようです。

大人はどうしてもよりよいものを求める傾向があります。もしかしたら「コンクールに入選して欲しい」とか「わが子の作品が選ばれて欲しい」という気持ちが潜んでいることもあるでしょう。しかし、読書感想文はコンクールを目指して書くものではありません。本を読んで思ったこと、考えたこと、学んだことなどを読み手にわかるように伝えることであり、自分の記録として残すものではないでしょうか。少なくともコンクールのために書く、宿題だから書くのではないということを考えていただけたら幸いです。

書くことに慣れると、読書感想文もそう難儀ではなくなるでしょうし、なかには書く楽しさを見つけていくこともあるでしょう。そういう子どもたちが一人でも増えるよう、この本が読書感想文に苦手意識のある皆様のお役に立つことを願っています。

二〇一九年六月

藤田利江

執筆にあたり、東京都江戸川区立江戸川小学校、東京都江戸川区立葛西図書館、東京都昭島市立玉川小学校、千葉県船橋市立船橋中央図書館の講座より、読書感想文の掲載をご協力いただきました。

この場を借りて、お礼申し上げます。

◆参考資料

『読書感想文・画集』小学校編（平成7年、10年、16年、17年、28年）神奈川県学校図書館協議会刊

【プロフィール】
藤田 利江（ふじた としえ）

元神奈川県厚木市の小学校教諭。平成15年からは司書教諭を兼任。平成19年度から荒川区教育委員会学校図書館支援室に、平成25年から神奈川県大和市教育委員会学校図書館支援チームに関わる。平成28年度は江戸川区教育委員会に勤務。平成15年度6年生を担任しながら、司書教諭の授業として137時間を展開。その活動記録で学校図書館賞奨励賞を受賞。平成27年度「図書館を使った調べる学習コンクール、調べる学習指導・支援部門」で優秀賞を受賞。

主な著書に、『司書教諭1年目の活動記録』『授業にいかす情報ファイル』(全国学校図書館協議会)、『調べる力がぐんぐん身につく藤田式「調べる学習」指導法』小学校編・中学校編（子どもの未来社）、編著に『図書館へ行こう！楽しい調べる学習』1・2・3年、4・5・6年（国土社）ほか。

編集●粕谷亮美（SANTA POST）
本文イラスト●青山ぱふこ
本文デザイン・DTP●シマダチカコ

親子の対話ですいすい書ける！
はじめての読書感想文

2019年6月15日　第1刷印刷
2019年6月15日　第1刷発行

著　者●藤田利江
発行者●奥川　隆
発行所●子どもの未来社
〒113-0033
東京都文京区本郷3-26-1 本郷宮田ビル4F
TEL：03-3830-0027　FAX：03-3830-0028
振替　00150-1-553485
E-mail：co-mirai@f8.dion.ne.jp
HP：http://comirai.shop12.makeshop.jp/

印刷・製本●シナノ印刷株式会社

ISBN 978-4-86412-157-6　C0037